叢書・ウニベルシタス　139

悪しき造物主

E. M. シオラン
金井　裕 訳

法政大学出版局

E. M. Cioran
LE MAUVAIS DÉMIURGE

目次

悪しき造物主

常軌を逸したわずかな場合を除けば、人間は善をなそうなどとは思わぬものである。いったいどんな神が、人間にそんなことを唆すことができようか。人間は自分に打ち克ち、自分の気持を抑えつけなければ、悪に汚染されていないどんな些細な行為すら成し遂げることはできない。もしこれを首尾よく成し遂げることができたとすれば、その都度、人間はおのが創造者に挑戦しては、彼を辱しめているのである。そして、人間がもはや努力や打算によらず生まれながらにして善良であるなどということがあれば、それは天上の過失のしからしめることなのだ。つまり、人間は普遍的秩序の埒外に存在しており、神のどんな計画のなかにも入ってはいなかったのである。さまざまの存在のなかで人間がどんな位置を占めているのか、いやそもそも人間が存在なのかどうかさえ、ほとんど分ったものではない。人間はひとつの幻影ではないのか。

善とは、かつて存在したもの、あるいは未来において存在するものであり、いま現に存在しているものではない。それは想い出ないし予感の寄生虫、完了したもの、あるいは可能なものであって、現在のものでも、それ自体で存続し得るものでもない。それが存在している限り、意識はそれを知らず、それが消えうせて初めて、意識はそれを捉える。すべてのものが、その非実体性を証明している。それは非実在の偉大な力、出発点において流産した原理、つまりは衰弱、記憶を絶するほどにも古い破産であり、そのさまざまな影響は、歴史の展開につれていよいよ際立っている。この世界の発端において、生命の誕生への変化が起ったあの雑然たる混乱のなかで、名状すべからざる何ものかが出来したに違いない。そしてそれが、私たちの理性の働きのなかにとはいわぬまでも、さまざまの不快感のなかに尾を曳いているのである。生存が、そして諸元素そのものがその根源において汚染されていたと、どうして仮定しないでいられようか。この仮定をすくなくとも一日に一度考えてみざるを得なかった経験のない者は、夢遊病者として生きているようなものだ。

*

善良なる神、〈父なる神〉が創造のスキャンダルに手を貸したとは信じ難いことであり、信じられぬことだ。この神が創造に何らかかかわりをもたなかったこと、創造がどんなことをも平然とやってのける神、堕落した神の権限に属するものであること、これは例を挙げるまでもなく明らかなことである。善良なるものは創造しない。それは想像力を欠いている。ところで、どんなヤッツケ仕事とはいえ、ひとつの世界を作るには想像力が不可欠である。ひとつの行為、あるいは一個の作品、あるいはまたひとつの宇宙が生まれ得るのは、最悪の場合でも、善良さと邪悪との混合からである。いずれにしろ、私たちの宇宙から出発する限り、尊敬に値する神よりうさん臭い神に行き着く方がはるかに容易である。

善良なる神は、創造の道具をまったく何ひとつ持ち合わせていなかった。つまり、この神はすべてを所有しているが、全能だけは例外なのだ。そのかずかずの欠陥（貧血と善良さとは切り離すことができない）のゆえに偉大なこの神は、無能性の原型であり、誰ひとり助けることはできない……しかも私たちがこの神にしがみつくのは、私たちがみずからの歴史的次元を捨て去ったときだけであり、歴史的次元を再び取り戻すや、この神はとたんに私たちにとっては無縁のものに、理解を絶したものになる。この神は私たちを魅惑するものも、怪物めいたところも何ひとつ持ち合わせていない。そしてこのときにこそ私たちは、創造者に、多忙をきわめる劣った神に、さまざまの事件の扇動者に頼るのである。この創造者がいかにして創造の仕事を果たすことができたか、これを理解するには、革新そのものである悪に、そして無為そのものである善に苦しめられている彼の姿を想像してみなければならない。おそらく、この戦いは、善の悪影響を受けねばならなかった以上、悪にとっては有害なものであった。これこそ、創造が必ずしもまったく悪しきものではあり得ない理由である。

すべての腐敗しやすいものを――とはすなわち、生きとし生けるすべてのものを、ということだが――例外なく悪が支配している以上、悪には善よりも存在が含まれていないことを、いや存在の一片すら含まれていないことを証明しようとするのは馬鹿げた試みである。悪を虚無と同一視する者は、そうすることで、あの哀れな善良なる神を救出しているいると想像しているのだ。私たちがこの神を救出できるのは、この神の立場と造物主《デミウルゴス》のそれとを分離し得る勇気を持ち合わせている場合だけた。キリスト教はこの分離をみずからに禁じたがゆえに、その全歴史を通じて、慈悲深き創造者という証明不可能な事実を、やっきになって私たちに押しつけなければならなかった。こんな絶望的なことを企てたがために、キリスト教は涸渇を余儀なくされ、保護したいと思っていた神を危険にさらさなければならなかったのである。

私たちは次のような思いをみずから禁ずることができない。すなわち、創造は下書きの段階に留まるべきもので、完成され得るものでも、完成に値するものでもあり得ず、またそれは全体として一個の過失、人間の犯した名だたる大罪、かかるものとして、さらに重大な大罪のひとつの縮小版に見えるということである。私たちに罪があるとすれば、それはほかでもない、私たちが多かれ少かれ盲目的に創造者のひそみに倣ったことではないか。私たちは創造者のものであった宿命を、私たちの内部にはっきり見てとる。私たちが、不幸にして邪悪なる神、呪われた神の手から生まれたことは、いわれのないことではないのである。

*

ある者は至高なものではあるが無能なる神を、ある者は造物主を、またある者は悪魔を信ずるように運命づけられている私たちには、崇拝も冒瀆も選ぶところではない。

悪魔は造物主の代理人、代理者であり、造物主の此岸の仕事を管理する。その威信にも、そしてその名前に結びついている恐怖にもかかわらず、悪魔は一介の管理者にすぎず、下賤な仕事を、歴史を任された天使にすぎない。

造物主の管轄範囲は、またおのずから別である。もし彼が存在しなかったならば、私たちはどうしてかずかずの試練に立ち向かうことができようか。もし私たちが試練に耐えることができるなら、あるいはいささかなりとも試練に相応しい存在であるならば、私たちは彼の加護を願わずとも済まされよう。明白なおのがさまざまの欠陥を前にして、私たちは彼にしがみつき、彼の存在を哀願しさえするのである。だからもし彼がひとつの虚構であることが明らかになったら、私たちの悲嘆は、恥辱はいかばかりであろうか！　彼以外の誰に、私たちのかずかずの欠落を、惨苦を、そして私たち自身を任せればよいのか。私たちの意志により私たちの無能の張本人に仕立て上げられた彼は、私たちがなし得なかったことのすべてに対する口実に役立つ。そればかりか、この出来損いの宇宙に対する責任を彼に転嫁するとき、私たちはある種の心の安らぎを味わうのである。すなわち、私たちの発端についても、将来の見通しについても、もはや不確実なものは何もなく、溶解し難きものに抱かれた全き安全、約束の悪夢に見舞われることのない安全があるばかりである。実に、彼の功績は計り知れない。彼は私たちの悔恨の肩代りさえしてくれるのだ。それというのも、彼は私たちのさまざまの敗北すら率先して、わが身に引き受けたからである。

神のなかに私たちの美徳よりは悪徳を見届けることこそ肝要である。私たちは私たちの長所は甘んじてこれを受け容れるが、一方、私たちのさまざまな欠点は私たちに憑きまとい私たちを苦しめる。これらの欠点を、私たちほどにも低く失墜し得る神に、神々が共有していると思われるつまらぬ属性に収まりきらぬ神に、投影することができれば、私たちは気も休まり、安堵もするのだ。悪しき神とは、かつて存在したなかで最も有用な神である。もしこの神を持ち合わせていなかったら、私たちのカンシャクの捌口はどこにあるだろうか。どんな形の憎悪も、最後にはこの神に向けられる。私たちの誰もが、おのがさまざまな功績が無視され、あるいは嘲笑されていると信じている以上、これほど普遍的な不公平が、どうして人間だけのしでかしたことと認められるだろうか。それは人間を越えたもっと高いところに遡るべきはずのものであり、何らかの古い陰謀と、創造行為そのものとひとつであるはずのものである。だから私たちは、誰を非難すべきか、誰を誹謗すべきかを知っているのだ。おのれ自身の無能力の源泉を可能な限りわが身の遠くに位置づけることができることほど、私たちを満足させ、励ますものはないのである。

　本来の意味での神、善良にして虚弱なる神についていえば、私たちの内部にもはやいかなる世界の痕跡も残っていないとき、すなわち、この神の存在を仮定し、たちまちこれにしがみつき、これを生み出し、創り出してしまう瞬間、しかもこの間、私たちの浴びせる嘲笑にとって恥辱この上ないことに、神は私たちの内奥から再び上昇してしまうのだが——こういう瞬間に見舞われれば、私たちはいつでもこの神と折り合いをつけることができる。神とは嘲り《イロニー》の喪である。だが、嘲りが立ち直り、再び力を取り戻しさえすれば、神と私たちとの関係は破綻をきたし、中断される。このとき、神について問うことに鼻白んだ私たちは、神を私たちの関心から、熱狂から、軽蔑そのものからさえ追放したいと思うのである。かくも多くの先人たちが神に打撃を与えてしまったからには、いまさら一個の屍体を攻撃してみても無益なことのように思われる。だがそれでも、みずからの手で神を葬り去らなかったという後悔のしからしめることにすぎぬにしても、神はいまだに私たちにとって重要なものなのだ。

*

二元論に固有の困難を回避するためには、その歴史の展開が二つの段階をもつような同一の神を想定してみることができるかも知れない。すなわち、第一の段階においては、思慮分別のある、貧血の神、自己自身の内に閉じこもって、おのれを顕示しようなどという下心はすこしもたず、おのが不滅に疲れはてて睡り込んでしまった神であり、第二の段階においては、進取の気性に富む、熱狂的な神、過誤に過誤を重ねては、最高刑にも処せらるべき活動に没頭している神である。考えてみれば、この仮定は、はっきりと区別された二つの神という仮定に較べて、より正確なものでも、利点のあるもののようにもみえない。だが、この二つの仮定がいずれもこの世界の価値を説明していないことに気づいたとしても、ある種のグノーシス派の人々とともに、神は天使のなかからクジで決められたものだと考える手段がまだ残されている。

（神をひとりの人間と同一視するのは、不憫なことでもあれば、下劣なことでもある。「聖約」を実行に移した者にとって、神は決してひとつの観念でもなければ、無名の原理でもあるまい。二千年に及ぶ喧嘩・口論は、おいそれとは忘れられぬものである。私たちの宗教生活がヨブあるいは聖パウロに霊感を得ているものだとしても、それは論争、逸脱、激昂である。いかにも果敢に罵倒をもてあそんだ無神論者たちは、彼らの目標が特定の人間であることを、はっきり証明している。彼らはもうすこしへり下った態度を執るべきであっただろう。彼らの解放も、彼らが考えているほど完全なものではない。つまり、彼らもまた、神についてまさに信者と同じ観念を抱いているのだ。）

*

創造者は、外的人間にとっては絶対的なものである。これに反し、内的人間は、創造を始末におえぬ一細部とも、無益な、あえていえば不吉なエピソードともみなす。あらゆる深遠な宗教的経験は、造物主の支配の終るところに始まる。宗教的経験は造物主を必要とせず、それを告発する。それは造物主の否定である。造物主が私たちにとり憑いて離れぬ限り、私たちは造物主と世界とから逃れ、消滅への衝動のままに非創造物に到り着き、そこで自己消滅を果たす手立ては何ひとつないのである。

エクスタシス――その対象は属性をもたぬ神であり、神の本質であるが――によって、私たちは、至高の神それ自身の形よりもはるかに純粋な、ある種の無感動《アパチィ》の形に向かって上昇してゆく。そして神的なもののなかに浸ったとしても、にもかかわらず、私たちは神のあらゆる形を越えたところにいるのである。これこそ最後の段階、神秘神学の到達点であり、その出発点は、造物主との絶交にあり、彼とのつき合いを、その作品の称賛を拒否するところにある。誰ひとり彼の前に跪くこともないし、彼を崇めることもない。彼に語りかけ得るただひとつの言葉は、逆様の哀願であり――これこそ、ともに等しく失墜の憂き目に遭った被造物と創造者との、唯一の交渉の様式なのである。

*

私たちは公認の神に、父の、創造者の、管理人の役割を課することによって、神をさまざまの攻撃に晒してきたが、これらの攻撃に神は屈しなければならなかった。あらゆる異端の開祖たちのなかで、悪の手練手管に最も強く反抗し、しかも悪しき神に捧げた憎悪のゆえに、この神の栄光に最も資するところのあったマルキオン(1)のような人物、もし私たちがこのような人間に耳傾けていたならば、神の長寿はいかばかりであっただろうか！　その発端において、これほど数ある好機を台無しにしてしまった宗教の例は他にざらにない。もしキリスト教の世紀が創造者に対する憎悪によって開始されていたならば、私たちは間違いなくまったく異った人間になっていただろう。というのも、創造者に憎悪を浴びせることが許されていたなら、私たちの重荷は必ずや軽くなっていたであろうし、最後の二千年もずっと息苦しいものではなくなっていただろうから。カトリック教会は、創造者の告発を拒否し、創造者告発をすこしも忌み嫌っていない教義の採用を拒否することによって、ペテンと虚偽の道に踏み入ろうとしていた。私たちとしては、次のような事実を確認することがせめての慰めである。すなわち、教会の歴史において最も魅力に富んでいるのは、その内部の敵たちであり、教会に攻撃され、拒絶されたすべての者たち、神の名誉を救わんがために、殉教の危険を冒して、神の創造者としての資格を否認したあのすべての者たちである。神の虚無の、至上の善良さが自足しているあの不在の、熱烈な信者であった彼らは、制限も遠慮もなしにある神を憎み、ある神を愛する幸福がどんなものかを知っていた。おのが信仰に駆られた彼らには、最も真摯な苦悩のなかにさえ入り込んでいるペテンの影を見分けることはできなかったであろう。口実なる概念はまだ生まれていなかったし、またおのれのさまざまの苦悶を何らかの神学的軽業の背後に隠そうとする、まったく現代的なあの誘惑も生まれてはいなかった。だがそれでも彼らには一種の曖昧さが付きまとっていた。あのグノーシス派の人々、あらゆる種類のあのマニ教徒たち、彼らは純粋無垢なるものの異常嗜欲者でないとしたら、恐怖にとり憑かれた者でないとしたら、そもそも何者であったのか。悪は彼らを魅惑し、彼らをほとんど満足させるものだった。悪が存在しなかったならば、彼らの生存は空虚なものであっただろう。彼らは悪を追い求め、一瞬たりとも悪を手放そうとはしなかった。そして彼らが、悪は非創造的存在であると、かくも熱烈に主張したのは、悪を享受し、自分たちの戦闘的力を永遠にわたって行使するために、悪がいつまでも存続してくれることをひそかに願っていたからである。「父なる神」への愛のために、「敵対者」のことを余りに考えすぎた彼らは、ついには救済よりは地獄の劫罰をよりよく理解しなければならぬ破目に立ちいたった。彼らが此岸の本質を、かくも見事に捉えたのはこのためである。カトリック教会は、彼らを激しく罵倒したあげく、彼らのさまざまな考えを横領するほどにも悪賢く、創造者を人気者に仕立て上げ、とどのつまりは追放に処するほどにも慈悲深いものなのだろうか。教会が再生し得るとすれば、かずかずの異端・邪説のたぐいを墓から掘り出し、また新たに破門を宣告するために、かつてのさまざまの破門を無効とすることによってのみである。

*

臆病で、活動力を欠いている善は、自己を他に伝達するには向いていない。善よりもはるかに熱心な悪は、自己を伝達せんと欲し、そして伝達することができる。それというのも、悪には、他を魅惑すると同時に他に感染するという二重の特権があるからである。そんなわけで私たちには、自己の外に出、その力を遠くに及ぼしている悪しき神の方が善良なる神よりもたやすく目に止まるのである。

自己自身の内部に留まることができぬというこの不可能性、創造者が遺憾きわまりない例証を示さねばならなかったこの不可能性を、私たち人間はみないずれも受け継いでいる。つまり、子を産むことは、別のやり方、別の規模で、創造者の名を冠した企てを継続していることにほかならず、嘆かわしい猿真似で、彼の〈創造〉を増大させていることにほかならない。創造者によって衝動のはずみが与えられなかったならば、存在の鎖を伸ばしたいというような羨望は存在しなかったであろうし、肉の陰謀に従わねばならぬという必然性も存在しなかったであろう。産むことはどんなものであれ例外なく、うさん臭いものだ。幸なことに、天使たちは出産には向いていない。生命の繁殖は、もっぱら失墜した者たちがこれに当るべきものなのだ。レプラは待つことを知らず、貪欲であり、好んで広がろうとする。人類の消滅を目のあたりにするという懸念には何らの根拠もない以上、生殖に水をさすことこそ喫緊事である。どんな事態になろうと、どこへ行こうと、ただ長く生き続けることをしか願わぬ阿呆どもにこと欠かぬし、またよしんばこういう連中が、最後には生きながらえることを肯じなくなったとしても、彼らに代ってその永続への願いを引き受ける醜悪なカップルには依然こと欠くことはあるまい。

克服すべきものは、生への欲望よりはむしろ〈子孫〉に対する好みである。親、産みだす者たち、彼らは扇動者か、さもなくば狂人である。出来損いの最たる者に、生命をもたらし、〈産む〉能力があるということ以上に、私たちを失望させるものがまたとあろうか。どんな人間をもおかまいなしに造物主めいたものに仕立て上げてしまうあの奇蹟を想いみるとき、どうして恐怖や嫌悪なしに済まされようか。天才にも匹敵する例外的な能力であるべきはずのものが、誰かれの差別なしにすべての人間に与えられているのである。これは、自然を永遠に失格させてしまう粗悪な恩恵ともいうべきものである。

『創世記』のあの犯罪的命令——「生めよ増殖《ふえ》よ」——これは善良なる神のよく口にし得ぬものであった。もしこの神が『創世記』のくだんの章において語ったならば、「増殖《ふえ》ずあれ」とでも示唆したことであろう。ましてや、「地に満てよ」などといった不吉な言葉をつけ加えることはできなかった。私たちは即刻これらの言葉を消し去り、これらの言葉を収録した恥辱から聖書を洗い浄めるべきであろう。

肉はあたかも脱疽の如く地球の表面に徐々に広がってゆく。それは自分を制限することを知らず、かずかずの失敗にもめげず猛威を振るい続け、おのが敗北を征服とかん違いし、いまだかつて何ひとつ学び知ったことはない。それは何よりもまず創造者の支配に属するものであり、創造者がその有害なさまざまな本能を投影したのは、まさに肉の裡なのである。本来ならば、肉はそれを熟視する者たちよりは、それを持続させ、その前進を保証する者たちをこそ打ちのめすべきであろう。だが、そんなことは望むべくもない。というのも、後者の人間たちは、自分がどんな錯誤に暗黙の同意を与えているか知らないからである。孕んだ女どもが石もて殺され、母性本能が禁圧され、そして不毛性が歓呼をもって迎えられる日がやって来るだろう。さまざまなセクト、例えばボゴミル派(2)やカタリ派において、多産性は猜疑の目をもって見られていたが、これらのセクトにおいて、結婚という厭うべき制度は、当然のことながら断罪の対象であった。だが、共同の眩暈を肯じまいとする者たちにとって遺憾きわまりないことに、この制度こそ、あらゆる社会が終始一貫保護して来たものである。子を産むとは災厄を愛することにほかならず、災厄を維持し、増大させようと欲することにほかならない。「火」を宇宙の、そして欲望の原理と同一視した、あの古代の哲学者たちは正しかったのである。なぜなら、欲望は燃えさかり、焼き尽し、すべてを無と化するからである。存在の原動力にして同時にその破壊者たる欲望は、陰鬱なもの、本質的に地獄的なものなのだ。

この世界は悦びのなかで創造されたのではない。だが、人間は快楽のなかで子を産む。なるほどそうかも知れない。しかし快楽は悦びではない。悦びの見せかけである。快楽の機能ははぐらかすことであり、そして創造はどんな細部においても、それが生まれでたあの最初の悲しみの痕跡を留めているという事実を、私たちに忘れさせるところにある。快楽は必然的に人を欺くものであり、私たちが理屈の上では排斥しているある種の離れ技を私たちにやってのけさせるのも快楽である。快楽の助力がなければ、禁欲が力を増し、ネズミでさえ魅惑してしまうだろう。だが、快楽がどんなに空しい、偽りのものであるかを、私たちは官能の逸楽のなかではじめて合点するのだ。快楽は逸楽を介してその頂点に、最高の強度に達する。そして快楽が、突然その非実在性に直面し、それ自身の虚無のなかに崩れ落ちるのは、おのが成功のきわみ、まさにこの頂点に達したときである。逸楽とは快楽の災厄である。

神が、いや人間そのものにしてからが、ある種の唸り声に飾られた体操から生まれるなどということは容認するわけにはいかない。これほど長い年月を経た後だというのに、〈進化〉をもってしても別の方法が完成されなかったのは奇妙なことである。だが、いま行われている方法が十分に機能を果たし、誰にとっても都合のよいものであるなら、〈進化〉にしてもどうして無駄な苦労をするだろうか。私のいわんとするところは、こういうことだ。つまり、生そのものは問題には関係がない。それは申し分なく神秘的なものであり、私たちを疲労困憊させるものである。このようなものでないものこそ、まさにくだんの体操であり、そのさまざまの結果から判断すれば、容認し難いほど簡単な体操である。私たちは、運命が各人に分け与えているものが何であるかを知るとき、忘却の一瞬と、その結果たる不運の驚くべき総和との不均衡ぶりを目のあたりにして、呆然自失たらざるを得ない。この問題を検討すればするほど、この問題について何事かを理解した者は、乱行かさもなくば禁欲を選び、放蕩者かさもなくば宦官になった者たちだけであることがいよいよ分かるというものである。

子を産むことが、名状し難いある種の錯乱を前提としている以上、もし私たちが思慮分別を、いいかえれば種の運命に対する無関心を取り戻すなら、あたかも消滅しつつある動物の標本を保存するように、おそらく私たちは人類のいくつかの見本だけを取っておくだろう。肉への道を遮断し、その恐るべき衝動を麻痺させようではないか。私たちは紛れもない生の伝染病に、人間の増殖に立ち合っている。どこに行けば、いかにすれば、神と向き合っていることができるのか。

私たちは誰にしてみても絶えず恐怖の強迫観念にさらされているわけではない。ときには恐怖から顔をそむけ、ほとんどそれを忘れ去ってしまうようなことがあるが、同胞の姿が見られぬ風景に眺め入っているときなどはなおさらである。同胞がそこに姿を現わすと、たちまちこの強迫観念は再び精神の内部に根を下ろす。創造者を無罪放免し、この世界を満更すてたものではないものと、満足すべきものとさえ思いたい気持になったとしても、創造の黒点たる人間にかんしては、それでも態度を保留しなければなるまい。

おのが作品の欠陥を、あるいは有害さを確く信じ込んだ造物主が、ある日、その作品を滅ぼしたいと思い立つ、そればかりか作品とともに姿を消す手筈をととのえる――これは私たちにしても想像のできることである。だがまた、次のように考えてみることもできる。すなわち、造物主は、終始一貫ただおのれを滅ぼすことにのみ力を尽しているのであり、生成は、この徐々に遂行される自己破壊の過程に帰着するものであると。だらだらと長く続く過程か、息を切らし喘いでいる過程、この二つの可能性のなかで、おそらくは自省が、内省が問題となるであろうが、作者による創造の拒絶こそこの過程の結末であろう。

*

私たちの内部に最も深く根を下ろし、しかも最も知覚し難いものは、神々をも含めたすべての者の秘密ともいうべき本質的挫折の感情である。そして注目しなければならぬのは、彼らの大部分の者が、自分がこの感情を感じ取っていることをまるで見抜いてはいないことである。けだし、私たちは自然の特段の寵愛により、この感情を自覚しない運命にあるのだ。つまり、ひとりの人間の力は、自分がどれほど孤独であるかを知り得ぬ無能性のなかにこそあるのである。祝福されたる無知、この無知のおかげで、人間は動きまわり、行動することができるのだ。彼は自分の秘密を突然発見したのか。発見すれば、その活動力はたちどころに、決定的に破壊される。これこそまさしく創造者に出来したことであり、あるいはおそらくは出来するであろうことだ。

*

私たちは何ものかと、しかもその実その何たるかを知らずに、何ものかと一体となるというノスタルジーを抱いて、はるか以前から生きて来た……不信仰から信仰へ移ることも、あるいはこの逆のことも困難なことではない。だが、慢性となった明晰性のただなかで、何に改宗し、何を捨て去ればよいというのか。実体を欠いた明晰性は、私たちが否認し得るような内容は何ひとつこれを提供していない。それは空虚なものであり、そして人は空虚なものを否認するわけにはいかない。つまり明晰性とは、エクスタシスの否定的相当物なのだ。

何ものとも一体とならぬ者は、ましてやおのれ自身と一体となることはあるまい。ここから、信仰なきあの訴えが、ぐらついているあの信念が、情熱を欠いたあの熱狂が生まれるのであり、私たちの観念にとどまらず反射運動さえもがその犠牲となっているあの分裂が生まれるのである。この世界との、またもうひとつの世界との私たちのすべての関係を決定する曖昧なもの、私たちはこの曖昧なものを、当初は自分たちのために保持していた。次いでこれを周囲に及ぼしたが、それは誰もがこれを避けることができず、生あるものにはどんなものにも、満足すべきものをいまだ知らしめぬようにするためであった。もはや明瞭なものはどこにも存在しない。事物そのものさえ、私たちの犯した罪のために、ぐらつき、当惑にあがいている。私たちに必要なものは、祈りの可能性を想像するあの才能であり、これこそは、おのれの救済を探し求めている者には誰にとっても不可欠のものである。地獄とは、想像の及ばぬ祈りである。

普遍的曖昧さを作り出したことは、私たちの成し遂げた最も災にみちた功績であり、この功績により私たちは造物主におさおさひけをとらぬ者なのだ。

*

この世から消えうせることを熱望し、おのれの存在の空しさを熱烈に受け入れていた時代、私たちが幸福だったのはこういう時代に生きているときだけだった。宗教的感情が生まれるのは、自己の無意味さの確認からではなく、無意味さに対する欲望、そこに溺れ込みたいという欲求からである。私たち人間の本性に固有のこの欲求は、もはや私たちが神々に倣って生きることができぬ以上、どうして満たされることがあろうか。かつて私たちを見捨てたのは神々であった。いまや私たちの方こそ、神々を見捨てるのである。私たちはあまりに長いあいだ神々の近くで生きて来たために、神々はもはや私たちのお気に召さない。私たちは、いつも手の届くところにいる神々の動きまわる音を聞いていた。神々は私たちを窺い、私たちをつけ狙っていた。私たちはもう自分の家にいるようなわけにはいかなかったのである……ところで、経験の教えているように、隣人ほど耐え難い存在はない。隣人が空間のこんな近くに存在していることを知れば、私たちは呼吸困難をきたし、私たちの生活は夜も昼も同じように立ちゆかなくなる。奴の破滅を何時間もぶっ通しに考えたとしても詮ないことであり、奴はそこに、がんとして現存している。奴を抹殺すること、私たちの思考があげて私たちを唆すのはこのことだ。そして私たちがやっとその気になり、行為に及ぼうとするや、間髪を入れずに怯懦が頭をもたげ私たちを捉えるのである。かくして私たちは、われらが隣人の潜在的殺害者でありながら、事実上、殺害者ではあり得ぬことに苦しみ、そして気難しい、優柔不断な人間に、血の落伍者になりさがるのである。

相手が神々の場合、事態はずっと簡単なもののように見えるとすれば、神々の無遠慮は太古以来のものであったから、私たちは是非にも神々の片をつけねばならなかったからである。労りの手を差しのべるにしては、神々はあまりに場所ふさぎではなかったか。神々に対して人々がこぞって上げているごうごうたる非難の声に私たちの誰もがかぼそい声ながら唱和せざるを得ないのも、これで納得がゆくというものである。

*

数千年来のあの仲間を、あるいは敵を、またさまざまのセクトの、宗教の、神話の、あのすべてのパトロンたちのことを想いみるとき、私たちが離れ難く思うただひとりの者は、あの造物主であり、私たちは彼にさまざまの悪そのものを結びつける。彼こそは、どうあってもこれらの悪の原因でなければならないのである。生のどんなつまらぬ行為についても、またただたんに生そのものについても、私たちの念頭にあるのは彼のことである。私たちが彼のことを考え、生のさまざまの発端について詮索するたびごとに、生は私たちを驚嘆させ、かつまた私たちを怯えさせる。生は恐るべきひとつの奇蹟であり、かかるものこそは彼から、特別の、例外的な神から由来するものであるに違いない。私たちが日々呆然自失し、それがためにこの神の実在を要求し、その実在を公言するとき、この神は存在しないなどと主張してみたところで詮ないことである。この神は存在したかも知れない、しかし他の神々と同じように死んでしまったと、反論するというのか。だがそれでも、私たちの呆然自失は一向に消えることはあるまいし、懸命にこの神を蘇生させようとするだろう。そしてこの神は、私たちの驚嘆と恐怖が続く限り、存在するすべてのものを、生きとし生けるすべてのものを前にした、あの恐怖にかられた好奇心が続く限り、存続しつづけるだろう。人はいうかも知れない、「恐怖に打ち勝ち、驚嘆のみを存続せしめよ」と。だが恐怖を克服し、消滅させるためには、その原理に攻撃をしかけ、その根拠を解体し、まさに世界をその総体において再建しなければならず、いともあっさりと造物主を取り替え、要するにもうひとりの創造者に頼らねばならないだろう。

新しき神々

さまざまの観念やら、不屈の信仰やらが続々登場してくる行列に関心のある者は、西暦紀元初頭の数世紀が繰り広げて見せてくれるスペクタクルに足を止めてしかるべきであろう。そこには、激しさの点で見劣りはするけれども、歴史上のいかなる瞬間においてもお目にかかることのできる、ありとあらゆる対立・抗争のモデルそのものが見出されるだろう。これもしかし当然のことだ。というのも、それは人間が人間を最も憎んだ時代であるからである。この功績はキリスト教徒のものである。熱にうかされ、妥協を知らぬ彼らは、たちまちにして憎悪の術《こつ》のエキスパートになったが、一方、異教徒たちはといえば、もはや蔑視をもってむくいる以外に手はなかった。攻撃性は、新しき人間と神々との共通の特徴である。

　不機嫌なるものを知らず、愛想のよさの塊りのような人間が、それでも不機嫌なるものを、あるいは少なくともその価値を知ろうと望むなら、最も手っ取り早い方法は、何人かの聖職者の著作家たちを読んでみることだろう。まずは、彼らのなかでは最もぬきんでたテルトゥリアヌス、そして止めとしては、まあ、ナチアンツの聖グレゴリウス(3)といったところか。聖グレゴリウスは辛辣さにはこと欠かぬもののの、いたって無味乾燥だが、背教者ユリアヌスに対する彼の反論を読めば、誰にしたところで即刻異教に改宗したい思いに駆られるだろう。反論には、皇帝の美点のひとかけらも認められていない。ペルシャ戦役における皇帝の英雄的な死に、したり顔を隠そうともせずに疑義を挟み、皇帝は、「軍隊について廻って、機智や洒落で兵士たちに戦いの疲れを忘れさせる、道化商売の一バルバロイ」によって殺されたのかも知れないと述べているのである。ここには、ユリアヌスという論敵に相応しい態度を執ろうとするどんな配慮も、礼儀もみられない。聖グレゴリウスの場合許し難いのは、若年のみぎり、アテナイでともに哲学学校に通っていた頃、ユリアヌスと相識の仲であったということである。

　外見は妥協であるにしろ、事実上は勝者であるひとつの大義を擁護する連中の口調ほど不愉快なものはない。彼らは、自分たちの勝利を思えば、喜びを抑えることはできぬし、自分たちの恐怖そのものを、それに見合う脅しに変えないわけにはいかない。テルトゥリアヌスが冷笑を浮かべ震えながら、最大の見世物と呼ぶところの最後の審判を書いたとき、彼は「地獄のどん底で恐るべきうめき声を上げている……」多くの君主や神々を眺めながら、こみ上げてくる笑いを想像しているのである。異教徒たちに向かって、彼らも彼らの偶像も破滅したという事実を、かくも執拗に思い知らせようとする態度に接すれば、どんなに節度をわきまえた人間でさえ激怒したに違いない。キリスト教護教論が、概論をよそおった一連の中傷文として表現しているものは、陰気な人間の極致ともいうべきものである。

　私たちが呼吸することができるのは、衰弱した神々の蔭にいるときだけだ。この事実を納得すればするほど、いよいよ私たちは恐怖をこめて自分に向かって繰り返す、キリスト教が隆盛に向かいつつある瞬間に生きていたならば、おそらくその魅力の虜になっていたに違いないと。宗教の始まり（どんなものの始まりでもそうだが）というものは、つねにうさん臭いものだ。だが、何らかの現実性をもっているのは始まりだけであり、それだけが真実であり、真実にして忌わしきものである。それがどんな神であるにしろ、また神がどこに姿を現わすにしろ、神の創始に立ち会えば必ずただでは済まされない。こういう不都合さは、別にこと新しいものではない。ゼウスの、そしてオリンポスの新しき神々の一味の犠牲者であった、あのプロメテウスがすでに警告していることである。

キリスト教徒たちを破壊の同じ衝動に引きずり込んだのは、救済への見込みというよりは古代世界に対する憤怒であった。彼らの大部分は外来者であったから、ローマに対する彼らの攻撃は理由のないものではない。だが、土着民がキリスト教に改宗したとき、彼はいったいどんな熱狂に与かることができたのか。キリスト教徒に較べれば、熱狂の対象をまるでもたぬ彼には、ただひとつの手段、すなわちおのれ自身を憎むという手段があるばかりだった。憎悪のこの偏向、最初は異様なものであったが、やがて感染性のものとなるこの偏向がなかったならば、キリスト教はたんなる一セクトに留まり、異邦人の支持者だけに限定されていたであろう。実をいえば、古き神々を一個の釘うたれた屍体に変えて、苦痛も苦悩も感じなかったのは、この異邦人の支持者だけだった。コンスタンティヌス帝のキリスト教への突然の改宗に接して、自分の執るべき態度を決しかねていた者が、ひとりの伝統保持者の、異教徒たることを誇りに思っているひとりの異教徒の立場であったなら、どうして十字架に同意できようか、ローマの軍旗に不名誉な死の象徴が描かれることにどうして我慢できようか。にもかかわらず、人々は十字架を甘んじて受け容れた。そしてこの断念は、またたく間に一般的なものとなったが、私たちには、この断念の由来する内面の敗北の総体を想い描いてみるのはむつかしい。精神の次元において、この断念をひとつの危機の掉尾を飾るものと考え、かくてそれに改宗の定款ないし口実を与えることができるとしても、もしそれを政治的観点からしか考えぬとすれば、それはたちまち一個の裏切りに見えて来る。ローマを創った神々を見捨てることは、ローマそのものを見捨てることにほかならず、「祖国もなければ伝統もなく、宗教及び法のあらゆる制度に対して徒党を組み、司直の手に追われ、あまねく世論の制裁を受けながら、世人の憎悪をおのが名誉と心得ている、生まれたばかりの新種の人間ども」と手を結ぶことであった。ケルスス(4)の右の攻撃文書は、一七八年に書かれている。ほとんど二世紀の間を置いて、ユリアヌスとしては次のように書かねばならなかった。「ティベリウス帝、あるいはクラウディウス帝治下に、卓越せる人物がひとりでもキリスト教の諸観念に転向するのを御覧になったら、余をペテン師の最たるものとお考えいただきたい。」

〈新種の人間ども〉は長い奮闘のあげくやっと気難しい人々の心を摑むことになる。最下層出身の、あの素姓も分からぬ連中、その行為たるやどれもこれも軽蔑の的となっている連中を、どうして信用することができようか。そもそも軽蔑されている連中の神を、それもこともあろうに新しく作られたばかりの神を、どうして受け容れられるのか。神々の合法性を保証するものはその古さだけである以上、神々が最近生まれたものではないという条件があってはじめて、すべての神々は容認されるのである。キリスト教の場合、人々がことのほか不快に思っていたのは、ひとりの同時代者、ひとりの成り上がり者たる「子」の絶対的な新しさであった。何よりも人々に〈ショックを与えた〉のは、いかなる賢者さえ予想することも予見することもできなかった、この「子」、この不快な人物であった。彼の出現はひとつのスキャンダルであって、人々がこのスキャンダルに慣れるまで四百年を要した。旧知の間柄であった「父なる神」は容認されていたから、キリスト教徒たちはさまざまな戦略上の理由から「父なる神」を頼り、「父なる神」を引き合いに出した。「父なる神」を誉め称えているさまざまの書、福音書にその精神の保存されている書、テルトゥリアヌスによれば、これらの書は、神殿よりも、神話よりも、異教の神々よりも数世紀以上も古いものではなかったか。この護教論者は、こうしていったん機智の冴えをみせ始めると、モーゼはトロイの滅亡よりも数千年も前の人間であったとさえ主張するようになる。こういう馬鹿げた戯言は、以下のケルススのそれのような見解が生み出すかも知れぬ効果の阻止を狙ったものであった。「要するに、ユダヤ人たちは、すでに久しい以前から一国家を成していたのであり、自分たちのためのさまざまの律法を定めていたのである。そしてこれらの律法を、彼らは今もって保持している。彼らが遵守している宗教、それがどんなに価値のあるものであれ、またそれについてはどんなことでもいえるにしても、それは彼らの祖先たちの宗教なのである。彼らはこの宗教を忠実に守っているが、といっても別段他の人々と別のことをしているわけではない。他の人々もまたそれぞれ自分の国の風習を保持しているのだ」

古さという偏見を奉ずることは、ただ土着の神々のみが正統であると暗に認めることにほかならなかった。キリスト教徒たちは、打算からこの偏見を偏見と認めた上でそれに従いたかったが、自分たちの立場を台無しにすることとなしに極端に走ることはできなかったし、この偏見を、そのすべての帰結を含めて完全に採用することもできなかった。オリゲネスのような人間にとって、異教徒の神々は多神教の偶像であり、その遺物であった。聖パウロは、つとにこれらの神々を悪魔の地位におとしめていた。ユダヤ教は、おのれ自身の神ただひとつを除いて、これらの神々をすべて虚偽のものとみなしていた。ユダヤ人についてユリアヌスはいう、「ユダヤ人の唯一の誤りは、自分たちの神の意に副うとしながら、同時に他の神々に仕えようとはしないことである」とはいえしかし、こと宗教にかんして流行を追うことを嫌っている点で、彼はユダヤ人を褒めているのである。「どんなものでも新しいものは御免こうむりたい。なかんずく神々にかんしては然り」——この告白こそ、彼の信用失墜を招き、彼を〈反動家〉として非難するために、人々の利用したものである。だが、考えてみれば、キリスト教は異教に較べて、どんな〈進歩〉を示しているというのか。ある神から他の神へ、またひとつの文明から他の文明への〈質的飛躍〉などというものは存在しない。ひとつの言語から他の言語へもまた然り。異教徒の著作家たちよりキリスト教徒の著作家たちの方が優れているなどと、誰が主張するだろうか。聖ヒエロニュムスは、キケロやプラウトゥスに没頭した後で、旧約の予言者たちを読むと嫌悪を覚えると告白しているが、カトリック教会の教父たちとはまたおのずから異った文体や息づかいをもっていた予言者たちに対してさえそうなのである。この、読めたしろものではない教父たちこそ、当時の〈進歩〉を具現している者たちだった。すると彼らに顔をそむけることは、すなわち〈反動〉に移行するということなのか。彼らよりはホメーロスを、トウキュディデスを、プラトンをよしとしていたユリアヌスは、まったく理に叶っていた。彼は勅令を発して、キリスト教徒の教師たちにギリシアの著作家たちの解釈を禁じたが、この勅令は、その敵対者たちはもとより、彼を賛仰するすべての者たちからさえ、時代を通じて激しい批判にさらされて来た。私はことさらユリアヌスの正しさを擁護するつもりはないが、彼の執った処置はもっともなものだと思わざるを得ない。ユリアヌスの前にいたのは狂信者どもであった。こういう手合に侮られぬためには、ときには彼ら同様大言壮語しなければならず、彼らに向かって狂気の沙汰とも思われることを口にしなければならなかった。そうでもしなければ、彼は軽蔑され、一介の素人とも見なされたことだろう。だからこそ彼は、あの〈教師たち〉に、彼らが解釈を施している著作家たちに倣うように、神々についてその著作家たちと同じ見解をもつように要求したのだ。「だが彼らときたら、これらの著作家たちが最も肝心な点で間違いを犯していると信じ、ガリラヤ人たちの教会へ出掛けて行っては、マタイやルカを注解しているのだ！」

古代の人々の考えによれば、人は神々の存在を認めれば認めるほど、いよいよ立派に「神格者《ディヴィニテ》」に仕えることになる。神々はこの「神格者」のさまざまな側面、顔にすぎない。神々の数を制限しようとするのは、不敬虔な行為にほかならず、たったひとりの神のために、すべての神々を抹殺することは罪であった。キリスト教徒たちが犯したのは、この罪であった。彼らには、もはやアイロニーは通用しなかった。彼らが伝播させた病いは、勢いを増しすぎていたのである。ユリアヌスが示した激しい辛辣な態度のよって来たるゆえんは、鷹揚な態度をもってしては彼らを扱い得ないところにあった。

*

多神教は、私たち人間のもっている傾向や衝動の多様性により相応しいものであり、これらの傾向や衝動は多神教によっていかんなく発揮されもすれば、発現もされ、そしてそのひとつひとつは、その性質に応じて、さし当り自分の役に立つ神に自由に向かうことができる。だが、たったひとりの神に対して、何を企てるというのか。この神をどう考え、どう利用すればよいのか。神が現存している以上、人はいつも圧力のもとに生きている。一神教は私たちの感受性を抑えつける。つまり私たちを締めつけながら、私たちを深めるのである。私たちのさまざまの力の開花を犠牲にして、私たちに内面の一次元を与える拘束の体系として、それはひとつの柵となり、私たちの発展を押し止め、私たちの調子を狂わせる。たったひとりの神よりは多くの神々とともにあったときこそ、私たちは間違いなくずっと正常であったのである。もし健康なるものがひとつの基準だとすれば、一神教とはなんたる後退であることか！

多くの神々の支配するところであれば、情熱は分割される。それがひとりの神に向けられるとき、情熱は集中し、激化し、そしてついには攻撃性に、信仰になり変る。もはや活力は分散されず、ひとつの同じ方向に向けられる。異教において特徴的なのは、信ずることと信じないこと、信仰をもつことともたぬこととの間に、決定的な区別のなされていなかったことである。けだし、信仰とはキリスト教の発明である。それは人間及び神の裡に同一の不安定を仮定しており、神も人間も、劇的でもあれば狂気じみたものでもある対話に夢中になっているのだ。新しい宗教の熱狂的な性質はここに由来する。これに較べればはるかに人間的なものであった古い宗教は、自分の好みの神を選び取る能力を私たちに残しておいてくれた。それはいかなる神をも強制しなかったから、いずれの神に心を寄せるかは私たち次第であった。斑気の人間であれば、神を取り替え、ある神を捨てて他の神に移りたい気持はそれだけ強かったが、そういう人間にしてみれば、一生のうちにはすべての神々を愛する手段がみつかるものと確信していたのである。それに、神々は謙虚であった。神々が要求したのは、尊敬の気持だけだった。つまり、人々は神々を敬えばよかったのであり、神々の前に跪く必要はなかったのである。これらの神々は、自分のかかえ込んでいる矛盾の解決がつかず、また解決の可能性もない者、引き裂かれた、癒し難い精神にとっては、願ってもないものだった。そういう人間にとって、いずれの方向に進むべきか決心のつきかねるとき、すべての神々を試してみることができるのは、そしてまた、さし当り自分の最も必要としている神そのものに、必ず出会えるものとほとんど確信できるというのは、なんという幸運であったことか！　キリスト教が勝利を収めた後、神々のなかを動きまわり、好きなようにひとりの神を選び取るという自由は考えられぬものとなった。神々との共生、神々とのすばらしい雑居、これは終りを告げた。異教にはうんざりしたものの、それでもまだ嫌悪は抱いていない耽美主義者、そういう耽美主義者が新しい宗教が遠く何世紀にも及んでゆくことに気づいたならば、はたしてこの宗教に帰依したであろうか。交換可能なさまざまの偶像の支配につきものの気紛れな酔狂と、かくも恐るべき長寿を享受するはずの神に対する崇拝とを取り替えたであろうか。

人間は保護と保証への欲求からみずからに神々を与えたように見えるが、実際は苦悩への渇望からであった。神々はゴマンと存在していると信じている限り、人間には遊びの自由が、さまざまの逃げ道が与えられていた。やがて人間は神をひとりに限定し、足枷と苦悩の付録をみずからに課した。悪癖となるほどまでに愛し合い、憎み合いながら、かくも重苦しい従属という贅沢を分かち合うことができたのは、ほとんど一匹の動物だけだ。偉大な「亡霊」に私たちを結びつけ、私たちの運命をこの「亡霊」の運命に固く結びつけるとは、私たちに対するなんという残酷な仕打ちであることか！　唯一の神は生を呼吸困難にする。

キリスト教はローマ人の法的厳密さを、ギリシア人の哲学的軽業を利用したが、しかしそれは精神を解放するためではなく束縛するためであった。束縛することによって、精神に深まることを、おのが内部に下降することを強いたのである。さまざまなドグマが精神を締めつけ、さまざまの外的限界を精神に課する。精神はどうあってもこれらの限界を越えてはならないが、同時に、これらのドグマは、精神にその固有の世界を遍歴し、その固有の眩暈を探査することを許し、そして教条的確信の専制支配を回避するために、あらゆる感覚の極点における存在の――あるいはその同等の否定態の――探究を許すのである。縛めを受けた精神の冒険、つまりエクスタシスは、自由な宗教よりは独裁的宗教にきまって頻繁に見られるものだ。というのも、このときエクスタシスとは、内奥への跳躍、深部への依存、自己への遁走にほかならないからである。

かくも長い間というもの、神以外に逃げ場のなかった私たちは、おのれ自身の内部にも神の内部にも等しく深く沈潜し（この沈潜こそ私たちが二千年のうちに成し遂げた、唯一の現実的な功績に相当するものだ）、神の、そして私たちの深淵を探り、神の秘密をひとつひとつ失墜させ、知と祈りという二重の攻撃をもって、神の内実を弱体化させ、危険にさらして来た。古代の人々は、彼らの神々を酷使するような真似はしなかった。神々を疲弊させ、神々を学問の対象とするには、彼らはあまりに高雅であった。神話学から神学への陰惨な移行はまだ行われていなかったから、彼らは、偉大な神秘家たちの口調にも、教理問答の凡庸な言葉にもみられる、あの永遠の緊張を知らなかった。この世が実現不可能なものの同義語となり、この世と私たちとを結ぶ絆が物理的に断ち切られていると私たちが感ずるとき、救済策は信仰のなかにも、信仰の否定（ともに同じ病いの表現だ）のなかにもありはしない。それは異教的なディレッタンチズムのなかに、もっと正確にいえば、これについて私たちの抱く観念のなかにこそあるのだ。

*

キリスト教徒の出合うさまざまな障害のなかで最も重大なものは、実際には数多くの神々に従う自由〈聖者崇拝!〉があるにもかかわらず、意識的にはたったひとりの神にしか仕えることができないということである。数多くの神々への服従、この有益な服従によって、多神教は間接的にではあるにしろ長続きすることを許されたのである。これがなかったならば、純粋すぎるキリスト教は、必ずや全世界規模の分裂病を生み出したことであろう。テルトゥリアヌスのお気には召すまいが、魂とは生まれつき異教的なものなのだ。もし神が私たちの直接的な、さし迫ったさまざまの欲求に応えるならば、またもし私たちにとって生命力の余剰に、〈効果的な刺激〉に相当するものであるならば、どんな神でもいいのだ。だが、もし神が私たちに課せられたものであるか、なんらの必要性にも応えるものでない場合は、話はまたおのずから別である。異教の過ちは、あまりに多くの神々を受け容れ、集めすぎたことであった。それは寛容と理解過剰のゆえに死んだのであり、本能の欠如ゆえに死んだのである。

自我というこのレプラを克服するに当って、賭けるべきものはもはや外観以外にないとすれば、劇も知らなければ、意識の危機も知らず、悔恨を唆かすこともない宗教、その原理においても実践においても等しく浅薄な宗教、私たちはこのような宗教の消滅を嘆かないわけにはいかない。古代においては、宗教ではなく哲学が深遠なものであった。現代においては、キリスト教こそ〈深さ〉と、そこに内在するあらゆる種類の分裂の原因であった。

神々の分類に熱中し、しかも神々を真の神と偽の神とに分割するのを拒むのは、確乎たる信仰をもたぬ時代（ヘレニズムの時代か私たちの時代）である。これに反し、情熱が圧倒的な力をもって君臨しているときには、神々に優劣はつけ難いという観念は、とても受け容れられぬものである。おそらくは真であるかも知れぬ神に向かって、祈りは捧げられるものではあるまい。祈りは些事に身を屈することも、至高なるものの内部における位階を容認することもほとんどない。それが疑念を抱いたとしても、「真実」の名においてのことだ。微妙な差異など懇願する者はいない。こういったことがすべて正しいということになったのは、一神教の災厄以後のことにすぎず、異教の信仰心にとっては、またおのずから別の話である。その著『オクタヴィウス』で、著者ミヌキウス・フェリクス[5]は、キリスト教徒の立場を擁護するに先立って、異教を代表するセシリウスに次のように語らせている。「国々のさまざまの神々が崇拝されているのを私たちは知っている。エレウシスではケレースが、フリギアではキュベレーが、エピダウロスではアスクレーピオスが、カルデアではベーロスが、シリアではアスタルテが、タウリスではディアーナが、ゴール人のあいだではメルキュールが、そしてローマでは、これらの寄せ集められたすべての神々が。」そして彼は、受け容れてはならぬ唯一の、キリスト教の神について次のようにつけ加えている。「この特異な、孤独な、見捨てられた神はどこからやって来たのか。いかなる自由な国家にも、いかなる王国にも知られていないこの神は？……」

ローマの古い規則によれば、何人といえども、国家によって、もっと正確にいえば元老院によって是認されたものでなければ、新しい神々を、あるいは外来の神々を特に崇拝してはならなかった。これらの神々のうちいずれを受け容れ、いずれを排斥すべきかを決定する権限をもっていたのは元老院だけである。帝国の辺境地帯に出現し、後ろめたいさまざまの手段を弄してローマにたどり着いたキリスト教の神は、不法侵入を余儀なくされた恨みを、ずっと後になって晴らさなければならなかった。

ひとつの文明が滅亡するのは、その神々が滅亡したときだけだ。帝国に正面攻撃をしかける勇気のなかったキリスト教徒たちは、その宗教を攻撃した。彼らが唯々諾々として迫害に応じたのは、ローマの宗教に対してより抜かりなく非難を浴びせるためであり、憎悪に対する彼らのやみがたい欲求を満足させるためであった。もし彼らが犠牲者の地位に昇進する栄誉に浴さなかったなら、彼らの不幸はいかばかりであったことか！　異教のうちにあるすべてのものが、彼らの憤激を買った。寛容とて例外ではなかった。おのが確信に自信満々だった彼らは、異教徒たちがそうしているように、人が真実らしく見えるものを甘んじて受け容れるということが理解できなかったし、見せかけの祭儀を担当しているたんなる役人にすぎぬ聖職者が、心からなる務めを誰に課することもないような宗教に、なぜ人が従うのかも理解できなかった。

生が耐え得るものであるのは、私たちが神々を変えることができる場合だけであり、一神教には専制君主制のあらゆる型態が萌芽として含まれているという事実を、いままたここに繰り返すなら、古代の奴隷制度はもはや同情をそそらぬものになる。〈自由〉であって、自分の前に神性の唯一同一の変種しかもたぬよりは、奴隷である方が、そして自分の好きな神を崇拝できることの方がはるかにましである。自由とは、相違に対する権利である。それは多様性であるから、絶対の分散を、証明されたものであれ、仮りのものであれ、無数の真実への絶対の分解を仮定している。自由な民主主義には隠れた（お望みなら、無意識の、といってもよい）多神教があるが、これに反し、あらゆる独裁制度は偽装された一神教の性質をもっている。例えば、ある異教徒はキリスト教徒になると、たちまち不寛容に凝り固ったものだが、これなども一神教のロジックの奇妙な結果としかいいようがない。ひとりのデスポットの庇護のもとで栄えるよりは、多くの気やすい神々とともに滅んだ方がはるかにましなのに！　宗教上の抗争はすでになく、私たちはいまさまざまのイデオロギー上の抗争に立ち合っているが、こういう時代において、私たちに突きつけられている問題は、まさに終焉を迎えつつあった古代に付きまとっていた問題である。すなわち、「たったひとりの神のために、かくも多くの神々をどうして断念できようか。」――もっとも、私たちに求められている犠牲はもっと低級な、さまざまの見解の水準にあるものであり、もはや神々の水準にあるものではない点は割引きしなければならない。一個の偶像的存在が、あるいはひとつの教義が覇権を熱望するようになると、たちまち自由は脅かされる。もし寛容こそ至上の価値であると思うなら、カトリック教会が無比の力を示したあの改宗計画をはじめとして、寛容を害うすべてのものは、例外なく罪と見なされなければならない。そして教会がおのれに向けられた迫害の重大性を誇張し、滑稽千万にも殉教者の数を水増ししたとすれば、それは、教会がかくも長期にわたってひとつの抑圧的勢力であったがゆえに、おのれの犯したかずかずの大罪をお上品な口実で糊塗する必要があったからである。その口実とは、さまざまな有害な教義を不問に付したということだが、そうだとすれば、それは教会のためにわが身を犠牲に捧げた者への、教会側の裏切りではなかったか。そんなわけで、教会は忠誠心なるものをもって〈迷える人間ども〉の絶滅にとりかかったのであり、またこの忠誠心によって、四百年間にわたって迫害されたあげく、千四百年間にわたって迫害者たり得たのである。これこそ教会の永続性の秘密であり、奇蹟である。殉教者たちがこれほど徹底的に、これほど執念深くその恨みを晴らしたことはかつてなかった。

キリスト教の確立はローマ帝国の確立と時を同じくしていたから、何人かの教父たち（なかでもエウセビウス）は、この一致には深い意味があると主張した。つまり神＝皇帝というのである。だが実際において、キリスト教が浸透し、猛威を振うことができたのは、国家間の障壁が廃止され、国境なき広大な帝国領内を自由に往来することができるようになったからである。キリスト教がこのように容易に伝播することがなかったら、それはユダヤ教内部の一異端派にすぎなかったであろうし、侵略宗教にも、ましてや遺憾きわまりないことながら、プロパガンダ宗教にもならなかったであろう。信者を募り、基礎を固め、勢力を伸ばすに当って、キリスト教にはすべてが好都合だった。あの華々しい飾りつけが異教徒たちにとっても、オリンポスの神々にとっても、紛れもない侮辱であった昼間の葬儀でさえ例外ではなかった。ユリアヌスは、かつての立法者たちの見解に従って、次のように述べている。「生と死とはまるで異なるものであるから、両者にかかわりのある礼拝行為は別々になされなければならない。」狂気じみた勧誘熱の虜になっていたキリスト教徒たちは、生と死のこの分離を肯んじなかった。つまり彼らは、屍体の有用性を、そこから導き出すことのできる利点をよくわきまえていたのである。異教は死をつつみ隠しはしなかったが、それを人前にさらすことは避けた。死は昼とは両立せず、光に対する侮辱であるとする考えは、異教にとっては根本原理であり、死は夜と地獄の神々の領分に属するものであった。ユリアヌスの言によれば、ガリラヤ人たちはすべてを墓で満たしたが、そういうユリアヌスはイエスのことをただ〈死者〉としか呼んでいない。その名に恥じぬ異教徒たちにとって、この新しい迷信は忌むべきものを悪用し、活用しているものとしか映らなかった。そうであれば、この迷信があらゆる階層のなかに伸展してゆくのを、彼らはいっそう嘆かねばならなかった。ケルススには知る術はなかったが、ユリアヌスが完全に知り抜いていたのは、キリスト教を奉ずべきかどうか決しかねている者たちのことだった。彼らは、キリスト教に完全に同ずることはできぬものの、それでも、キリスト教に投じなかったならば〈未来〉から除け者にされるのではないかと恐れて、それに従いて行こうとしている者たちだった。御都合主義であるにしろ、孤独への恐怖であるにしろ、彼らは、この〈昨日生まれた〉ばかりの、だが早晩支配者の、拷問者の役につくことになる人間どもの傍を歩いて行きたいと思っていたのである。

*

死せる神々に寄せるユリアヌスの情熱がどんなに正当なものであったにしろ、彼はその神々を蘇らせるいかなる幸運にも恵まれなかった。そんなことに無益な努力を傾注するよりは、腹立ちまぎれにマニ教徒たちと手を結び、彼らとともにカトリック教会の土台を掘り崩した方がずっとましであったろう。そうすれば、おのれの理想は犠牲にしたかも知れないが、少なくともその恨みは晴らすことができたであろう。復讐というカードを除けば、他に何が残されていたというのか。彼の前には、破壊者という堂堂たる道が開かれていた。もしオリンポスへの郷愁に取り憑かれていなかったら、彼はおそらくこの道に踏み込んでいたかも知れない。人は悔恨の名において、戦いを交えたりはしない。なるほど、ユリアヌスは若くして死んだ。統治後わずか二年にすぎない。十年、あるいは二十年統治を続けていたなら、彼は私たちにどんなことをしてくれたであろうか！　キリスト教を圧殺するようなことはしなかったであろうが、もうすこし謙虚になるように仕向けたことだろう。そうなれば、私たちが傷つくこともずっと少なかったであろう。というのも、私たちは自分があたかも宇宙の中心であるかのように、すべてのものが、神そのものでさえ私たちの周りをめぐっているかのように、生きるような真似はしなかっただろうから。「受肉」とは、他でもない私たち人間を対象とした危険この上ない阿諛である。それは私たちの存在のあり様《よう》とは釣り合わぬ、なみはずれた身分を私たちに分け与えてくれた。キリスト教は人間の逸話を宇宙的ドラマの尊厳の域にまで高めることによって、人間の無意味さについて私たちを誑かし、私たちを錯覚のなかにつき落とし、自明な事実には目もくれず、前進と神格化とを混同する、あの病的オプティミズムのなかにつき落したのである。キリスト教よりはずっと思慮に富んでいた異教古代は、人間をその本来の場所に置いていた。タキトゥスは、さまざまの事件は永遠の法則によって決定されているのか、それとも偶然のままに展開するのか問うているが、このとき彼は実のところ何も答えず、問いを未解決のままに残している。こういう態度保留こそ、古代人の一般的感情の表われである。この歴史家は、歴史の過程を構成する常数と偏差との、あの混在に誰にもまして対決することを迫られていたが、決定論と偶然性とのあいだを、法則と気紛れとのあいだを、「自然学」と「運命の女神」とのあいだをどうしても揺れ動かざるを得ないのである。例えば不幸というものがあるが、その不幸にしてもそのほとんどは、私たちの好み次第で、あるいは摂理の気晴らしに、あるいは偶然の無関心に、さては運命の無情に関係づけることができる。この三位一体は、誰にとってもきわめて重宝なものだが、特に迷妄から覚めた精神にとっては、異教の知恵の、推奨するに足る最大の慰めである。現代人はこういうものに頼るのを嫌うが、彼らには次のようなきわめて古代的観念——すなわち、さまざまの善及び悪は、ある不変の総和を成すものであり、この総和にはいかなる変化も起こり得ないとする観念——もまた、同じように嫌悪の対象である。私たちは進歩と退化に対する固定観念をもっており、この観念によって、悪は減少するにせよ増大するにせよ、変化するものであると暗々裡に認めている。世界のそれ自体との一体性、世界はそれが現に在るように在らねばならぬという観念、未来は実在している所与に何ら本質的なものは附加しないという観念、こういう見事な観念はもはや通用しない。というのも、希望の、あるいは恐怖の対象たる未来こそ、私たちの真の場であるからである。私たちはそこに生きており、そしてそれが私たちにとってはすべてなのだ。キリスト教の本質ともいうべき来臨への妄執は、時間を差し迫ったもの、及び可能事という概念に変え、それ自身のうちに憩い、継起という災厄を免れた、不変の瞬間なるものの理解から私たちを遠ざける。期待は、何らの内容をもたぬものでも、私たちを満足させてくれる空白、私たちを安堵させてくれる懸念であり、私たちはこれほどにも静的ヴィジョンには不向きなのだ。「神はその作品を手直しするには及ばない」――ケルススのこの見解は、同時にまた一文明全体の見解でもあるが、私たちのさまざまの傾向、本能、存在そのものに反するものである。私たちがこの見解を裁可できるのは、ある異様な瞬間に、知恵の発作に見舞われたときだけである。またこの見解は、信者の考えにも反するものだ。というのも、他のどこよりも宗教界において、神に向けられている非難は、神の良心に対する非難にほかならず、その作品の質への神の無関心に、作品の異常を軽減しようとしない神の態度に対する非難にほかならないからである。私たちには是非にも未来が必要である。最後の審判への信仰は、歴史の意味に対する信仰の、さまざまな心理的条件を作り出した。そればかりか、あらゆる歴史哲学は、最後の審判なる観念の副産物にすぎない。私たちが、あれこれの歴史の循環理論に好意を抱いているにしても、私たちはそういうものに抽象的な同意を与えているにすぎないのだ。事実、私たちは、歴史はあたかも線の形で展開してゆくかのように行動しており、そこに継起する多様な文明は、何らかの偉大な意図――その名前は、私たちの抱く信仰ないしイデオロギーに応じて変る――が自己を顕示し、自己を達成するためにたどる、いくつかの段階にしかすぎないかのように、行動しているのである。

*

私たちにとってもはや偽の神々は存在しない。このことは私たちの信仰の欠陥の何よりの証拠なのか。ひとりの信者にとって、彼が祈りを捧げている神と、他のまったく異なる神とが、ともに同じように正当なものであり得るなどというのは、ほとんど合点のゆかぬことである。信仰とは排除であり、挑戦である。キリスト教が死んだのは、他の宗教を忌み嫌うことがもはやできないからであり、他の宗教を理解してしまったからである。つまり、不寛容の母胎であった活力が徐々に欠けていったからだ。ところで、不寛容はキリスト教の存在理由であった。不幸なことに、キリスト教はもう怪物ではなくなった。凋落しつつある多神教のように、キリスト教は濶達にすぎるがゆえに傷を負い、麻痺してしまった。キリスト教の神は、かつて落胆した異教徒にとってのジュピターに優る威信を、もはや私たちに対してもってはいない。

〈神の死〉をめぐるおしゃべりのゆき着くところは、キリスト教の死という確実な事実でないとしたら、何であろうか。人はあえて正面きってキリスト教を攻撃するような真似はしない。鉾先きの対象はパトロンであり、彼の現実離れを、怯懦を、穏健さを非難する。残酷さという手持の資本を使い果たしてしまった神、こんなものはもう誰も恐れもしなければ、敬いもしない。私たちは、神を信ずることが神を恐れることであった時代、私たちの恐怖が神を思い遣りのあるものとも冷酷なものとも想い描いていた、あのすべての時代の痕跡をわが身にとどめている。信者自身にしてからが神は乗り越えられたと感じているとき、そして神を未来はおろか現在にさえ結びつけることができないとき、神はいまさら誰を威圧しようというのか。そして異教がキリスト教に屈しなければならなかったように、後者もまた何らかの新しい信仰に屈しなければなるまい。攻撃性を失ったキリスト教は、もはや他の神々の侵入の障害にはならない。他の神々は姿を現わしさえすればよいのであり、おそらくは姿を現わすであろう。これらの神々には顔も、仮面さえもないかも知れない。だがそれでも、恐ろしいものであることに変りはあるまい。

自由と眩暈とが同じようなものに見える者にとって、信仰とは、その由来が何であれ、またそれが宗教に反するものであれ、役に立つ束縛であり、望ましい、願ってもない鎖である。そして、好奇心と熱狂とにブレーキをかけ、漠然たるものに対する不安を断ち切ることが、鎖の機能というものだろう。このような信仰が勝利を収め、確固たるものになれば、その直接的な結果として、私たちが自分に課さねばならぬ問題の数は減少し、同時にまた選択はほとんど悲劇的に軽減されることになる。選択の重荷は取り除かれ、誰かが代りに選んでくれるのだ。新しい宗教の誘惑に負けた洗練された異教徒たち、彼らがこの宗教に期待していたのは、まさに彼らの代りに選択がなされ、彼らの行くべき方向がさし示されるということにほかならず、もはやあんなにも多くの神殿の入口で戸惑うことも、あんなにも多くの神神のあいだで右顧左眄する必要もなくなるということだった。アレクサンドリア時代全体を特徴づけるあの信仰なき宗教の沸騰が頂点に達したのは、倦怠からであり、精神の遍歴に対する拒否からである。人々はさまざまの真実の共存を告発した。なぜなら、個々の真実が提供するわずかなものにはもはや満足がゆかなかったからである。全体こそ彼らが希求していたものであり、しかもそれは、限定され、制限された確実な全体であった。これほど、普遍的なものから不確実なものへの、不確実なものから不安定なもの、不定形なものへの失墜の不安は大きかったのである。異教がその絶頂期に知ったこの墜落の経験を、いまやキリスト教が味わいつつある。キリスト教は失墜する、失墜を急いでいる。この事実こそ、ますますキリスト教に心を寄せつつある信仰なき者たちにとって、キリスト教を許容できるものにしているのだ。異教は征服されてしまってもなお、人々から忌み嫌われていた。今日、すべての人々がキリスト教を容認しているのに、キリスト教徒たちは忘れるということを知らぬ、怒り狂った人間だった。すでに十八世紀に、キリスト教に対する反論は底をついていた。効き目のなくなった毒薬にも等しく、キリスト教はもう誰ひとり救うこともできなければ、呪うこともできない。だが、キリスト教はあまりに多くの神々を打倒したがために、その神々に予定されていた運命を、当然のことながら回避することはできない。神々の復讐の時がやって来た。その不倶戴天の敵が自分たちほどにも卑しいものと知れば、――というのもキリスト教はこれらの神々をすべて例外なく受け容れるから――神々の喜びはさぞや大きなものであろう。かつて勝利を収めたとき、キリスト教はかずかずの神殿を破壊し、好んで姿を見せたところではいたるところで、さまざまの信仰を辱しめた。新しき神は、たとえ千度磔刑に処せられたとしても、同情を無視し、道すがらすべてを粉砕し、最大限の場所を占拠しようと血道をあげる。かくして私たちは、この神をもっと早く認知しなかったために、多大の犠牲を払うことになる。新しき神は、その素姓が明らかにならぬ限り、一定の魅力をもつことができた。つまり、私たちはこの神のうちに、いまだに勝利の痕跡を見て取ってはいなかったのである。

ひとつの宗教が、いまだに〈高貴な〉ものであるのは、それがみずからをひとつの迷信であると思うにいたり、おのれ自身の失墜に超然たる態度で立ち合っている、ただその場合だけに限られる。キリスト教は、キリスト教以外の一切のものへの憎悪のなかでおのれを形成し、花と開いた。その全歴史を通じてキリスト教を支えたのは、この憎悪であった。その歴史の終りとともに、その憎悪もまた終る。キリストは再び「地獄」へ降りることはあるまい。再び墓に閉じ込められたからには、今度こそはそこに留り、おそらくは決してそこから出てくることはないだろう。地上にも、地の底にも、救い出すべき者はもういない。彼の来臨に伴うかずかずの行き過ぎに思いを致すとき、最後の異教の詩人リュティリウス・ナマチアヌス(6)の叫びを想い起こさないわけにはいかない。「ユダヤが決して征服されなければよかったのに！」

神々はいずれも真《まこと》のものであることが認められている以上、なぜ途中で止まり、すべての神々を誉め称えないのか。カトリック教会の側からすれば、これこそは至高の達成ともいうべきものだろう。つまり教会は、その犠牲者に屈することで滅びるだろう……かずかずの徴候は、教会がこの誘惑を感じ取っていることを告げている。かくて、古代神殿の例に倣って、教会は、いたるところの神々の、残骸の収集をおのが名誉と心得ることになろう。だが、繰り返すが、真の神が消えうせなければ、他のすべての神々は再び姿を見せることはできないのだ。

古生物学

秋のとある日、はからずも驟雨に遭い、やむなくしばしの雨宿りにと国立博物館へ入った。ところが、しばしの雨宿りはやがて一時間になり、二時間になり、いやひょっとすると三時間に及んだに違いない。偶然のきっかけで、こうして博物館を訪れたのはもう何か月も前のことだが、月よりも執拗に私たちを見つめているあれらの眼窩を、頭蓋骨のあの市《いち》を、動物学のあらゆる水準に及ぶあの自動的な冷笑を、私はまず忘れることはあるまい。

こと過去にかんすることなら、博物館ほどたっぷりと饗応に与れるところはない。ここでは可能性などというものは不可解な、あるいは狂気じみたものに見える。肉は出来るそばから欠け落ちてしまい、そもそも存在することとさえなかったのではないか、あんなにも厳しく、自信に充ちあふれているあの骨に、肉がはりついていたなんてとても考えられない――そんな印象を受ける。肉はまやかしのようにも、ペテンのようにも、何も隠すもののない変装のようにも見える。そもそも肉とはそんなものでしかなかったのか。それ以上のものでないなら、どうして私に嫌悪と恐怖を吹き込むことができるのか。かねがね私は、肉の空しさにとりつかれ、これを重要視していた者たちに、ある種の偏愛を抱いて来た。名前を挙げれば、ボードレールであり、スウィフトであり、仏陀である……肉はいかにも自明なものだが、にもかかわらず、それは一個の異常だ。肉について考えれば考えるほど、人はいよいよ恐れをなして顔をそむける。そして肉を考えすぎたがために、ついには鉱物に心を寄せ、石と化する。肉の姿に、あるいはその観念に耐えるためには、まさに勇気以上のものが、つまりシニシズムが必要である。カトリック教会のある教父とともに、肉を夜のものと呼ぶのは、肉の本質を誤解している。それは褒めすぎというものだ。肉は異様なものでも不可解なものでもなく、みだらなほどにも、狂気のほどにも滅びやすいものであり、さまざまの病いの源であるにとどまらず、病いそのもの、癒し難い虚無であり、災厄に退化した作り物《フィクシオン》である。私が肉について抱いているヴィジョンは、形而上学をすこしは齧ったことのある墓掘り人夫のそれである。おそらく絶えず肉に想いを致すのは、間違っているだろう。人は生き、かつ同時に肉にこだわることはできない。そんなことをすれば、巨人でさえ命を落す危険がある。私は肉を意識するが、このように意識することは本来許されないことなのだ。肉はこれを利用し、肉に不釣り合いな地位を与えるように私を強いる。そして私を捉えて放さず、私を圧倒し、もはや私の精神は内臓にしかすぎないほどである。骸骨の固さに、厳めしさに較べれば、肉は笑止なほどにも儚く、浮薄なものに見える。それは、不安定性の中毒患者たるこの私にへつらい、私を満足させる。そうであればこそ、すべてのものが肉の一掃された宇宙の快感に、死後の大いなる歓喜に誘ってやまないあの博物館で、私はこれほど寛いだ気分になれるのである。

博物館の入口に、人間が立っている。人間以外の他のすべての動物たちは、いずれも腰が曲がり、打ちひしがれ、圧し潰されている。首の長いジラフも、グロテスクな姿で直立しようとしているイグアドノンでさえ例外ではない。私たち人間により近い、あのオランウータン、ゴリラ、チンパンジー、これらの動物たちが直立しようと骨を折ったのもまったくの徒労であったことがよく分かる。彼らの努力は実を結ばなかったから、彼らは哀れにも、垂直性の追求に苛立ちながら、中途半端な、現在の姿にとどまっているのである。要するにせむしだ。前方への決定的な一歩を画する機会がなかったならば、私たちもまた彼らと同じようなものだったろう。これは疑ってみるまでもないことだ。爾来、私たちは、おのれの卑しい素姓の痕跡をことごとく払拭しようと腐心している。ここに人間にきわだって特徴的な、あの横柄な態度の生まれるゆえんがある。人間に較べれば、そして人間が自分に与えている姿勢と態度とに較べれば、恐竜類でさえおじけづいているように見える。人間の真の不運が始まったばかりならば、人間にも思慮深くなる余裕はあったであろう。人間がその発達段階の発端に立ち帰り、あのチンパンジーに、ゴリラに、オランウータンに一緒になり、彼らの相貌を取り戻し、垂直の姿勢でもがくことがますます困難になる――これは十分予想できることである。それればかりか、疲労に打ちひしがれた人間の方が、かつての仲間よりも腰が曲がっているかも知れないのである。老衰の入口に達すれば、人間はおのれを断念するだろう。人間にできることといえば、せいぜいこれくらいのことでしかないからである。

私たちを動転させ、怯えさせ、かつまた私たちの心を鎮めてくれるもの、それは骸骨よりは肉、つまり死骸である。仏僧たちは進んでおのが死骸を晒したものだった。欲望を無力化し、欲望から解放されるのに、これ以上に確実な方法がどこにあるだろうか。おぞましいものこそ解脱へ到る一手段であったから、熱狂と内面性《アンテリオリテ》のあらゆる時代において、人間の残骸は大きな恩恵に浴した。中世において、人々は救済の教えを守り、熱烈に救済を信じていた。だからこそ死体がはやったのである。中世における信仰は力に満ちあふれた、不屈のものであり、蒼白なものを、悪臭を発するものを愛し、腐敗したものから、そして醜悪なものから引き出すことのできる恩恵がどんなものであるかをわきまえていた。今日、甘ったるいものに成りさがった宗教が執着しているのは、もはや当り障りのない幻影にしかすぎず、「進化」と「進歩」にすぎない。現代において死の「舞踏」に相当するものを私たちに提供してくれるのは、宗教ではない。

*

「ニルヴァーナを希求する者は、あらゆる執着を断ち切らねばならない」、これは仏書の一冊に見える言葉である。解脱の緊急性を理解するには、あの幽霊どものことを考え、幽霊にはりついている肉の運命に想いを致すだけで十分である。肉と骸骨について、一方の恐るべき老朽と他方の永遠の無益性とについて、二重の反芻を行うことがなければ、禁欲などというものはない。ときには訓練として、自分を自分の顔から、皮膚から切り離し、この見せかけの覆いをかなぐり捨て、私たちの内部にある根源的なものを見分ける妨げとなっている、あの脂肪の堆積を、ほんの一瞬でもよいから取りはずしてみるのも捨てたものではない。訓練が終れば、私たちははるかに自由で孤りぼっちであり、ほとんど不死身である。

さまざまの執着を、そして執着に由来する障害を克服するためには、ひとりの人間の窮極のむき出しの姿を眺め、その内臓等々を透視し、その分泌物の恐怖のなかを、そのさし迫った死骸の生理学のなかを転げまわらねばなるまい。このヴィジョンは不健全なものではなくして方法的なもの、方向づけられたひとつの固定観念、さまざまな試練において特に有益な固定観念でなければなるまい。骸骨は私たちを清朗な気持に誘うが、屍体は断念に誘う。両者が私たちに与えてくれる空しさの教訓において、幸福とはすなわち、私たちのさまざまの絆を断ち切ることにほかならない。このような教訓の詳細を何ひとつ回避せず、しかもさまざまの幻影と妥協してきたとは何たることか！

隠者たちが魔に憑かれた人間とも、気のふれた人間とも思われずに、おのが深淵を探ることのできた時代は幸であった。彼らの精神の異常は、私たちの場合とは異なり、否定的要因をもつものではなかった。彼らはひとつの予感、絶対に対するひらめきのために、十年を、二十年を、いや生涯を犠牲に捧げた。〈深さ〉という言葉は、修道僧というものが最も高貴な人間の典型とみなされていた時代に適用されてはじめて意味をもつ。修道僧が姿を消しつつあることは、誰も否定しまい。数世紀以来というもの、修道僧はただ生き残っているにすぎない。〈寄生虫〉として取り扱われている世界で、彼は誰に訴えかけるというのか。修道僧がいまだに重きをなしていた最後の国チベットでは、僧は人里から隔離された。それでも、何千人という隠者たちが般若波羅蜜のテーマをめぐって、今日もなお瞑想しているかも知れないと考えるのは、かずすくない慰めである。たとえ修道僧の生活に醜悪な側面しかないにしても、他のどんな理想よりも、それは依然としてましなものであろう。一切を信ずる者のために、そして何ものも信じない者のためにも、私たちは今こそ僧院を建てるべきであろう。……他のどこへ逃がれようというのか。この世界を職業として憎悪しうる場所は、もはやどこにもないのだ。

*

非実在性なるものを理解し、それを確信するためには、絶えずそれを念頭に置いていなければならない。いったんこれを感じ取り、これを見れば、生存を耐え得るものにしてくれる唯一の、この非実在性を除いて、一切のものは非実在となる。

人間は集合体にすぎないという妄執を抱き、そして人間はせいぜいのところ、わずかな瞬間だけ接合されている諸要素の出合いの場にすぎないと、ますます強く意識すること、これは覚醒の徴である。実体的で還元不可能な所与と考えられている〈自我〉は、私たちを安堵させるよりは当惑させる。あんなにも頑丈であったと思われるそれが消えてなくなるなどということが、どうして容認できようか。それ自体の力で存続し、存在しているものから、どうして離れることができようか。どんなに根深いものであれ、錯覚なら捨て去ることができる。だが反対に、確固たるもの、持続しているものに対しては、どうすべきなのか。もしも実在するものだけがあり、存在がいたるところに広がっているのだとすれば、混乱なしにこれらのものから自分を切り離すどんな手段があるというのか。用心のために、というか治療上の配慮のために、普遍的欺瞞といったものを仮定することにしよう。何ものも存在しないという恐怖に、何ものかが存在するという恐怖が続く。私たちは存在への訣別よりは、非存在への訣別にはるかに満足する。この世界が存在しないからではなく、その実在性が実在性でないからである。一切は実在しているように見えるが、何ものも実在してはいないのだ。

ニルヴァーナの追求そのものをも含む、あらゆる集中された追求は、私たちが自由にそれに顔をそむけることができなければ、他のものと変らぬ束縛である。偶像に祭り上げられた知は、ヴェーダの知恵がすでに教えているように、非 - 知に下落する。「無知に身を委ねている者は深い闇に閉ざされているが、知に満足している者は、さらに深い闇に閉ざされている。」無意識裡に思考すること、というかむしろ、何ひとつ考えず、ただひたすら沈黙していること、これこそ明視の到達すべき状態である。いかなる快楽といえど、自分が思考していないことを知っている快楽に如くまい。あるいは人は反論するかも知れない、自分が考えていないことを知っているのは、それもまた考えているということではないかと。そうかも知れない。だが、観念から観念へと飛び移るのをやめて、他の一切の観念を拒否する観念の内部に、それ自身の不在が内容として与えられると、たちまちみずからを無効とする唯ひとつの観念の内部に、断乎として留まるとき、思考に伴う惨苦は乗り越えられるのである。精神の通常のメカニズムに対するこの不当な干渉は、私たちがこれを意のままに更新することができてはじめて、稔り豊かなものになる。つまりそれは、知への従属から、またそれがなんであれ、何らかの体系への盲信から私たちを癒してくれるはずなのだ。私たちの心をそそる解放、私たちにとり憑いて離れぬ解放、それは解放ではない。欲望を、さまざまの恐怖のあの発生源たる欲望を手はじめに、何ものも私たちのものではないようにしようではないか。一切のものが私たちを恐怖におとし入れるとき、頼りうる唯一の手立ては次のように考えることである。すなわち、もし恐怖が、感覚なるがゆえに、典型的な感覚なるがゆえに、実在するものだとすれば、この恐怖を生みだす世界は、非実在的な諸要素の儚い集合にゆきつくものであり、結局のところ、恐怖は、私たちが自我を、そして世界を実在するものと考えれば、それだけますます激しいものになり、私たちが両者のペテンを暴き出せば、不可避的に減少するはずであると。真実なるものは、私たちの事物に対する勝利だけであり、私たちの明視が日々刻々証明している、あの非実在性だけである。おのれを解放するとは、この非実在性を享受し、いかなる瞬間においてもこれを追求することである。

*

一人ひとりの人間は、外部から見れば、ひとつの偶発事、幻影である（ただし愛の場合は除く。けだし愛は認識と真実の埒外に存在する。）たぶん私たちは、ほとんど他人を見つめるのと同じように、自分自身を外部から眺めてみるべきであり、自分自身とはもはや何ら共通のものはもたぬように試みるべきであろう。もし私がおのれ自身に対して、見知らぬ他人として振舞うならば、私は自分が死ぬのをまったく無関心に眺めているだろうし、私の生も、私の死も、もはや〈私のもの〉ではなくなるだろう。生と死とが私のものである限り、そして私がそれらを私のものとして引き受けている限り、それらは私の力ではいかんともし難い試練である。これに反し、これらのものには内在的存在が欠けており、いささかも私とかかわりをもたぬはずだと納得すれば、なんと気持の休まることか！　それなら、一切はどのつまり非実在的なものだと知りながら、あれこれのつまらぬことに何故いきり立つのか。もちろん、私にしてもいきり立つ。だが私は、夢中にはならない。いいかえれば、そんなものに何ら現実的な関心は抱いていない。私がおのれに課しているこの無関心な態度、私がこの境地に達することができるのは、私の古い自我を新しい自我に変えたときだけだ。新しい自我、それは覚めたヴィジョンをもつ自我であり、今ここにおいて、あれらの幻影のただなかにおいて、すべてのものが私の力を奪い、かつて私がそうであった幻影がはるかに遠いものに、理解を絶したものに見えてくる、今ここにおいて勝利を収める自我である。かつては背を向けていた明白なる事実を、いま私ははっきりと見てとる。もう私はわが肉に対して、一切の肉に対して、何らの恩義も覚えない。これがこれらの明白なる事実から引きだすことのできる利点である。欠如《カランス》のさまざまな型の分類にきわめて熱心だった大乗仏教の経典に披瀝されている、空《くう》の十八の変種[7]について反芻するには、願ってもない背景ではないか！　ここにおいて私たちはたちどころに、非実在性を鋭く感受できる状態にいる自分に気づくからである。

*

恐怖がどれほど密接に肉にかかわりのあるものか、ほとんど信じられないほどだ。それは肉にはりついており、肉から切り離すことができず、肉とほとんど区別がつかない。恐怖を感じないあの骸骨どもはなんと幸福なことか！　恐怖こそは私たち人間と動物とを結ぶ唯一の兄弟の絆だ。もっとも、動物たちの知っている恐怖は、自然の形の、お望みとあれば、正常の形の恐怖だけであり、動機づけもなしに姿を現わす、もうひとつの恐怖は彼らのあずかり知らないものだ。このもうひとつの恐怖を、私たちは自分の気紛れ次第で、あるいは形而上学の一過程に、あるいは馬鹿げた化学に還元することができるが、それでもこの恐怖は、毎日、思わざるときに私たちに挑みかかり、私たちを押し包むのである。この恐怖を首尾よく抑えつけるには、古のすべての神々の助力が必要であろう。この恐怖は、私たちが日日落ち込む衰弱の最底部に、もし私たちのもっている何かの妨げがなければ、私たちが今まさに失神するかも知れぬきわどい瞬間に、頭をもたげる。この何か、これこそ私たちの垂直性の秘密である。まっすぐに立っていること、ここには一種の自尊心が、辛い思いをしながらたたきこまれた規律が含まれているが、私たちが肉の――肉を肉たらしめている諸要素の全体によって脅かされ、排斥された肉の――たどる行程のなかにあるかも知れぬ異常なものを捉えて一瞬ぎくりとする、あの最後の瞬間、つねに私たちを救ってくれるのはこの規律なのである。肉は物質を裏切った。肉が感じ取り、被っている不安は、肉に対する懲罰である。一般的に、生命あるものは、生命なきものに較べれば、罪あるものに見える。生命とは有罪性の一状態、誰も真にこれを自覚していないがゆえに、いっそう由々しい状態である。だが、個人に共外延的な罪、個人の知らぬまに彼の上にのしかかり、彼が分離された存在に昇進するために、共有の創造に対して犯した大罪のために、支払わねばならぬ代価である罪、この罪こそは、たとえ意識されてはいなくとも、実在するものであり、被造物の衰弱のなかにはっきり見てとることのできるものなのだ。

あの骸骨どものなかを歩きながら、私は彼らが引きずっていたに違いない恐怖の重荷を想像してみようとする。そして三匹の猿の前で立ちどまると、彼らが被った進化の停止も、彼らの上に重くのしかかり、あのへつらうような、恐れおののいているような姿を彼らに与えた、同じような重荷によるものと思わざるを得ないのである。それにあの爬虫類たち、彼らが恥も外聞もなく腹ばいにならねばならず、おのが恥辱の腹いせに、鱗粉からじかに毒液を分泌し始めなければならなかったのも、同じような重荷に打ちひしがれていたからではあるまいか。動物を、あるいはこの上なく醜悪な昆虫をも含めて、生きとし生けるすべてのものは震えあがる、ただ震えあがるだけだ。生きているという単純な事実からして、生きとし生けるすべてのものは、例外なく同情に値する。そして私が想いを致すのは、知り合いだったすべての者たち、もうこの世にはなく、とうの昔に棺のなかに横たわり、肉からも恐怖からも永遠に放免されたすべての者たちのことである。彼らのことを想えば、その死の重みももう私には感じられない。

不安とは恐怖の意識であり、自己自身を反省する第二段階の恐怖である。不安は全体と一体になれぬ不可能性、私たちを全体と同一視することが、全体のなかに私たちを見失うことができぬ不可能性から生まれる。それは世界から私たちへ、そして私たちから世界へと移る流れをおしとどめ、私たちの反省を助長することがあるにしても、ただ反省の発展をよりぬかりなく破壊するためにすぎず、そして絶えず精神の迷妄を醒ますのである。ところで、何らかの影響力のある思索があるとすれば、それは必ずある種の酩酊に、抑制の喪失に由来し、分別を失いうる能力に、従って自己を一新しうる能力に由来する。逆様のインスピレーションともいうべき不安は、どんな些細な飛躍、どんな些細な譫言にも、私たちに規則遵守を要求する。この監視は思考にとっては有害なものであり、思考は突然麻痺し、悪循環のなかに閉じ込められ、発作的にか、人目に隠れてでなければ、自己自身の外に出ることを禁じられる。従って、私たちがさまざまな懸念・不安をもつがゆえに、解放を求めているにしても、解放に達することを阻んでいるのは、これらの懸念・不安であるというのが本当のところなのだ。不安に捉われた者は、未来をおのが関心事の唯一の対象とするほど恐れてはいても、過去に捉われた者であり、現実に過去を所有している唯一の人間でさえある。彼がその奴隷たるさまざまな不幸が、彼を前進させることがあるにしても、それはただより確実に彼を後退させるためなのだ。そこで彼は、あの粗野な、無名の恐怖をなつかしむようになるが、一切がそこに由来するこの恐怖は、生きとし生けるすべてのものの始まりであり、発端であり、原理である。この恐怖は、それがどんなに恐ろしいものであれ、それでも耐えることのできるものである。というのも、生けるすべてのものは、例外なくこの恐怖を甘んじて受け容れているからである。それは生けるものをゆさぶり、痛めつけるが、殺しはしない。〈私〉の出現以後の、あの洗練された、〈最近の〉恐怖についてはそうはいかない。ここでは、曖昧な、遍在する危険は決して具体的な形となって現われず、恐怖は自分の上にかがみ込み、食い物としては他になく、みずからをむさぼり喰うのである。

*

あの日以来、国立博物館を訪ねたことはないが、それでもほとんど毎日、想像裡に足を運んでは、何がしかの恩恵に与かったものだ。けだし、さまざまの生き物の、あの単純化された窮極の姿を想い返してみることほど、心の慰めとなるものがまたとあろうか。突然、想像力の熱気は冷め、私は自分のなれの果ての姿をまざまざと見る。謙虚さの教訓、いやいや、謙虚さの発作ともいうべきものだ。骸骨の良き利用法……私たちは困難な事態に見舞われたときには、これを利用すべきであろう。これが私たちの手元にあるからにはなおさらである。

ホルバインもバルドゥンク・グリーエン(8)も私には必要ではない。こと死骸にかんすることであれば、私の手持の手段だけで十分だ。その必要に気づけば、あるいはそれが欲しくなれば、私はどんな人間の肉の覆いをも剝ぎ取ることができる。某々なる名前をもっているあの骨を、私に好意を示さぬあの頭蓋を、どうして嫉んだり、恐れたりするのか。どうして誰かを愛したり、自分を愛したりするのか。こういう惨苦を軽減するために是非にも想い出さねばならぬイメージがどんなものか分かっているというのに、どうしてこんなことで苦しんだりするのか。肉を待伏せているものを生き生きと意識していれば、愛も憎しみも消えうせてしまうはずではないか。だが、この意識は実際には愛と憎しみを和らげることしかできず、稀に、抑えることができるだけである。別の場合であれば、ことははるかに簡単であろう。つまり、幸福になりたいと思うなら、死を想像すれば足りるであろう……そして、私たちの最も秘めたる願いを叶えてくれるのだから、死骸はまるもうけということになろう。

あの博物館が、迷妄に対する私の不適性をはっきり助長することがなかったならば、かくも頻繁に博物館に想いを馳せるようなことはなかったに違いない。人間には二足三文の価値もない博物館にいると、解脱を説くさまざまな教義が、どんなに人間を捉えるに不向きなものか、人間の過去を解釈し、その未来を解読するのにどんなに不向きなものであるかが分かる。その理由は、解脱が意味のあるものなのは、私たち個々の人間にとってのみであり、空《くう》の観念と自由の感覚との関係を理解することのできない烏合の衆にとってではないからである。いかにしたら人類は全体として救済されるのか。これはほとんど誰にも分からない。虚偽に飲み込まれ、下等な真実を運命づけられた人類は、外観と実質とをつねに混同している。人類が上昇の道をたどっていると、明白な事実に反して認めてみたところで、人類はその上昇の果てにおいても、最も鈍感なヒンズー教の苦行者の明視の程度をも身につけることはできまい。日々の生存において、この世界が実在のものか、非実在のものか決めることはできない。私たちのなしうること、そして実際に私たちがなしていることは、絶えずあの考えこの考えと追い求めることであり、私たちの困難を直接的には何ひとつ解決することのないひとつの選択を回避しては、大いに満足しているのである。

　覚醒は知的能力とは別個のものである。人は才能に恵まれていながら、精神的な意味で馬鹿者でもありうる。また一方、知識としての知識をもっているからといって、それだけ進歩しているというわけでもない。〈認識の目〉、こういうものは無学な人間でももつことはできるし、従って彼は、どんな学者よりも優れた者でありうる。自分という存在は自分ではなく、自分のもっているものは自分のものではないと見抜くこと、もはや何ものとも、自分自身の生とすら共犯関係をもたぬこと、これこそ正しく視るということであり、すべてのものが無と化する根源まで下降するということである。私たちが空無《ヴァキュイテ》に向かっておのれを開き、空無が私たちに浸透すればするほど、いよいよ私たちは自分であることの、人間であることの、生きてあることの宿命の埒外に出る。もし一切が空《くう》なるものであれば、この三つの宿命もまた空なるものであろう。だとすれば、悲劇作家の魔術は無傷のままでは済まされない。敗北を喫する英雄は、勝利を収める英雄同様、価値のない存在なのか。もしこの世界が実在するものなら、見事な最後ほど魅力に富んだものはあるまい。だが、この世界が実在しないものなら、どんなものであれ、何らかの結末にうつつを抜かすのは沙汰の限りである。ひとつの〈運命〉をもち、〈尋常ならざるもの〉に盲にされ、あるいはただ単純に唆かされること、これは、あらゆる優れた真実におのれを閉ざしていることの、問題の〈目〉をもたずにいることの証拠である。ある人物を設定することは、その人物の覚醒の程度を決定し、その人物が他人及び自分の裡の欺瞞と虚偽とを知覚する上でなし遂げた進歩を決定することにほかならない。自分の存在を誤解している者に共鳴することなどできる相談ではない。私たちは、行為から私たちを分断する間隔が大きくなるに従って、対話の主題が、同胞の数がすくなくなるのを知る。この孤独は私たちの苦しみにはならない。というのも、それは私たちの才能に由来するものではなく、私たちの断念に由来するものであるからだ。さらにつけ加えておかねばならないが、それは精神の思い上がりの危険をすこしも排除するものではない。この危険は、私たちがみずから同意を与えたさまざまの犠牲に、捨て去ったかずかずの迷妄にこだわっている限り、とにもかくにも存在する。解脱というものが執拗な自覚を要求するものであれば、どうしてそれと知らずに自分を克服することができようか。かくして、解脱を可能にするものが、同時に解脱を危うくしているのだ。内面的価値の秩序において、非個人的なものとならぬすべての優越性は、例外なく堕落に変る。それと知らずに、世界から自分を切り離すことができれば！　解脱とはひとつの功績、私たちはこのことを忘れ去ることができなければなるまい。そうでなければ、解脱は私たちを解放するどころか、私たちを腐敗させる。私たちの成し遂げたあらゆる種類の成功を神に帰し、私たちに由来するものは何もなく、すべては与えられたものと信ずること、これはイグナチウス・デ・ロヨラによれば、傲慢に対する戦いの、ただひとつの有効な手段である。ロヨラのこの勧告は、恩寵の介入が必要不可欠のものと思われる、あの目眩くような精神状態には有効だが、解脱の場合にはそうはいかない。解脱は自我がその犠牲となる、長く、辛い、掘り崩し作業なのだ。どうしてうぬぼれずにいられようか。

　私たちの精神の水準が高くなったところで、私たちがその分、質的に変るわけではない。私たちは相変らずさまざまの限界に捉えられている。その最も始末におえない結果のひとつは、精神の思いあがりを根こそぎにすることができないことだ。聖トマスはいう、「いかなる被造物も、生存をやめずして一段高度の本質に達することはできない」と。しかしながら、人間が策をめぐらしているのは、まさにおのが本質を乗り越えたいと思ってのことだ。だが、その希望は達成されなかった。そして人間の過度の努力は人間を変質させ、その本質を歪めさせずにはおかなかった。そうであればこそ、おのが主体《シュジェ》に問いかければ、必ず苦悩を、熱狂を感じないわけにはいかないのである。おそらく、自分よりはおのが主体に同情する方がずっと礼儀にかなったことでもあるのだ。（これこそパスカルが実に見事に理解していたことだ。）そしてとどのつまり私たちは、この熱狂にへとへとになり、もうこれを回避することしか考えないようになる。自分であるという宿命も、生きているという宿命も、人間であることの宿命には較ぶべくもあるまい。この宿命がうるさくつきまとい始めると、私はこれを避けるために、あの骸骨どものなかの散歩を、この日ごろ、あんなにもしばしば私に救いの手をさしのべてくれた、あの散歩を心の裡で繰り返す。私は彼らを見、その姿を放さない。彼らは、空無に対する私の信念を強固なものにしてくれると同時に、人間への、一切のしがらみへの、最も恐るべき妄執すら耐える必要のなくなる日を、垣間みることを助けてくれる。もし自由でありたいと思うなら、私たちはなんとしてでもこの妄執から解放されなければならない。だが、真に自由になるためには、もう一歩踏み出さなければならない。つまり、自由そのものからおのれを解放し、自由をひとつの偏見ないしは口実の水準におとしめ、もはや自由を崇拝する必要がなくなるようにすることだ……そのとき初めて私たちは、欲望すること
となしに行動することがどんなことかを理解し始めることだろう。私たちがおぞましいものについて想いを凝らすなら、いやでも右のことを理解するようになるだろう。つまり、肉とその老衰について思考をめぐらすことは、欲望と行為とを分離する術を身につけることにほかならず、これは忙しそうに立ち廻っている精神にとっては有害なものであれ、観照をこととする精神にとっては、不可欠の作業なのだ。私たちは欲望する限り、束縛のなかに生きており、世界に委ねられている。欲望することをやめれば、とたんに私たちは物と神とのさまざまな特権をあわせもち、もはや誰に頼ることもない。欲望が抜き難いものであることは、分かりきったことだ。だが、欲望から解放されていると想像するだけで、

なんという心の安らぎが保たれることか！　これはいかにも異様な安らぎであり、ある邪悪な快楽が紛れ込んでいるかとも思われるほどだ。これほどうさん臭い感覚、帰するところこれは、かくも自然に反する状態を希求するという罪を犯した者に対する、自然の復讐ではあるまいか。

生における〈ニルヴァーナ〉──これは稀にみる功績であり、実際上、到達不可能な極点だ──を除けば、欲望の抹殺とは幻想である。私たちは欲望を抹殺するのではなく、中断するのであり、そしていかにも不思議なことには、この中断には力の感情が、新しい、未知の確信が伴っている。過去の世紀における修道院生活の流行は、さまざまの欲望の後退の結果として生まれた、この膨張によって説明されるのではあるまいか。欲望と戦うためには力が必要である。この力は、欲望が後退すれば、増大する。欲望が抑えられれば、恐怖もまた止まる。一方、不安がこれと同じように休戦に応ずるようにするためには、私たちはさらに遠くまでゆかねばならず、はるかに希薄な空間に近づき、ある種の抽象的な歓喜に、存在と存在の不在とに等しく与えられた昂揚に近づかなければならない。

アートマンにかんして、カータ・ウパニシャッドの語るところによれば、アートマンとは〈楽しきものにして、しかも喜びなきもの〉である。それは至高の原理の肯定によっても否定によっても、ヴェーダーンタ哲学を介しても大乗を介しても等しく到達しうる状態である。二つの道は、それがどんなに異なったものであれ、窮極の経験において、外観の外への移行においてひとつになる。肝心なことは、人がいかなるものの名において自分を解放したいと思っているかを知ることではなく、解脱の道をどこまでたどりうるかである。私たちが絶対のなかで、あるいは空《くう》のなかで解体しようと、いずれにしてみても、私たちが到達するのは、ある中立的《ヌートル》な喜びだ。つまり、いかなる限定もない喜び、不安と同じようにむきだしの喜びであり、不安を癒すものたらんと欲しながらも、不安の帰結に、その実質的な結論にすぎぬ喜びである。両者間の対称は明白である。両者はともに同一の型にもとづいて〈作られている〉ともいえよう。両者は一切の外的刺激なしですますことができるし、それ自体で充足しており、深部において対応し、通じている。というのも、具体的な喜びというものが克服された恐怖にすぎないように、中立的な喜びは、姿を変えた不安にほかならないからである。そして両者がたがいに似かよい、浸透し合っているものであればこそ、一方から他方への上昇の可能性が、後退の危険が生まれるのであり、すでに乗り越えたものと思っていた以前の状態への再度の失墜の危険が生まれるのである。とはすなわち、精神のあらゆる進歩は、根底においていかにおびやかされているかということだ。中途半端な解脱者にとって、ニルヴァーナの確乎たる信念をもたぬ者にとって、かつてのおのが恐怖に後退することほど容易なこともなければ、また頻繁にみられる事態もない。だが稀に、彼が確乎たる態度を持して動じないようなことになれば、彼は『法句経』の勧告を自分のものとするのである。「汝自身の光のように、汝のために輝け。」そして彼がこの勧告を受け容れ、これに従うとき、この勧告につねに従っている者たちを、彼は内部から理解するのである。

自殺との遭遇

人が自殺するのは、何らかの点で、その人間が一切の埒外につねに存在している場合に限られる。問題は、自分でも自覚していないかも知れない生まれついての非適応性である。自殺を運命づけられている者は、たまたまこの世界の者であるにすぎず、実はいかなる世界の者でもないのである。

人は自殺しやすい傾向をもっているのではない。自殺を運命づけられているのであり、あらゆる失望、あらゆる経験を嘗める以前に、自殺すべく定められているのだ。不幸同様、幸福が人を自殺に追いやることがある。いや幸福の場合の方が多い、なぜならば、形もさだかではなく、存在しそうもない幸福は、人を疲労困憊させる適応努力を要求するからであり、それにひきかえ不幸は、ある種の儀式のもつ安心感と厳しさとを提供してくれるからである。

*

未来が失効し、未来のあらゆる瞬間のなかでただひとつ、私たちがもはや存在しないものとして選ぶ瞬間のみが存続する――こういう事態を経験する夜があるものだ。

自分自身から逃げ出したいと思うとき、人は自分に向かって、「俺が俺であることなどもう沢山」と繰り返す。決定的に自分から逃げおおせてしまうと、皮肉なことに人はひとつの行為をなし、そこにおのれ自身を再発見し、突然寸分たがわぬ自分になってしまうのである。自殺するまさにその瞬間に、人は避けて通りたいと思っていた宿命の手に落ちるのだ。というのも、自殺とはこの宿命の勝利にほかならず、祝祭にほかならないからである。

＊

生きながらえればながらえるほど、一日また一日と喘ぎながら生きてゆく機会がいよいよ少くなってゆくのが分かる。実をいえば、事態はいつもこうだったのだ。つまり私は可能事のなかに生きていたのではなく、不可解なもののなかに生きていたのである。私の記憶には、崩れ落ちたいくつもの展望が積み重なっている。

＊

私たちの内部には、死のうという意志よりはむしろ死にたいという気持がある。というのも、もし死を欲することができるならば、最初の困難に遭遇すれば誰であれただちにこれを利用すると思われるからである。ただもうひとつの障害が残っている。つまり、自殺の観念にとりつかれた者にとって、その観念が信じ難いほど新しいものに見えるということである。そんなわけで、彼は自分が前代未聞の行為を遂行するのだと想像する。この錯覚が彼の心を奪い、自尊心をくすぐり、彼の貴重な時間を失わしめるのである。

*

自殺とは、あるだしぬけの達成、電撃的解放であり、力づくのニルヴァーナである。

*

一丁の七口を見つめ、自分の気持次第でどのようにでも使うことができると合点する、単純至極なこの事実から、私たちは絶対的な力の感覚を味わうが、やがてこの感覚は誇大妄想狂になり果てる。

*

生に決着をつけようという考えが私たちを捉えるとき、私たちの前方にはひとつの空間が展けてくる。瞬間の外に、永遠そのものの外に存在する広大な可能性が、目も眩むような穴が、死の向う側で死ぬという希望が展けてくる。

事実、自殺するとは死と張り合うことであり、死よりもうまく振舞い得ることを証明し、死をペテンにかけることであり、自分自身の立場からみずからを贖うことであるが、この結果は重大である。すなわち、人は自信を取り戻し、かくて自分は人間の屑ではなく、何がしかの尊敬に値する者だと信じ込み、次のように考えるのである。今の今まで何ひとつイニシアチーブの取れなかったこの俺は、自分に対してついぞ尊敬の気持を抱いたことはなかった。けれども今は違う、俺はみずからを破壊することによって、自分を軽蔑すべきものと思っていたすべての理由を同時に破壊する。俺にはまた自信が湧いてくる。俺は永遠に何者かであるのだ……

*

私の使命が苦しむことである以上、その私がどうして自分の運命を別のものとして想像しようとするのか合点がゆかない。さまざまの感覚に腹を立てるにいたっては言語道断だ。というのも、あらゆる苦痛は、その始まりにおいても終りにおいても、いずれにしろ例外なく感覚以外の何ものでもないからである。もちろん中間においては、いささか感覚を越えたもの、つまりひとつの世界だが。

*

真夜中にむらむらと湧き起ってくるこの憤怒。おのれ自身に、宇宙を構成する諸要素に、最後の説明を与えたいとするこの欲求。突然、血が湧き立ち、震えが走る。私は立ち上って部屋を出、もうぐずぐず先きに延ばすいわれは何もない、今度という今度は本気だぞと、自分に向かって繰り返す。外に出る、とたんに何かしらほっとした気持になる。それでも、これから行うはずの行為を、おこがましくも自分のものとした使命のことを片時も忘れずに歩いてゆく。とうとうどんづまりだ、未来はこの先きほんの二、三分、せいぜい一時間を残すのみと考え、みずからの職権をもって全瞬間の停止を宣言すると、憤怒は小さな喜びに変わる。

やがて、隣人の不在のもたらす安堵の想いがやって来る。みんな睡っている。いまだにたったひとりでいられるこの世界を、どうして見捨てることなどできようか。最後のものになるはずだったこの夜に、おさらばするわけにはいかない。この夜が消えてなくなるとも思われない。そして私は、この夜を掘り崩し、やがて押し流してしまう昼に対して、この夜を守ってやりたいと思うのである。

*

もし私たちがもって生まれた本質を変えることができ、どんな人間にでもなることができるならば、私たちはたちまち選ばれた者たちの仲間に入るだろう。この変身が実現不可能なものであるから、私たちは「宿命」という、この上ない魔術的な言葉にすがりつくのである。この言葉を口にするだけで、私たちはさまざまな問いと当惑の段階を乗り越え、あらゆる袋小路を開く鍵をやっと手にしたような気になるのである。

*

生に決着をつけたいという欲望を感ずるとき、それが強いものであれ弱いものであれ、私たちはその欲望について考え、それを説明し、自分に対して説明することを余儀なくされる。しかも、欲望が弱いときはなおさらである。というのも、欲望が強烈なものでありすぎると、それは精神を占拠し、欲望を考察したり、避けたりする間《ま》も余裕も精神に残さないからである。

*

死ぬのを待っているのは、死を耐え忍び、死をひとつの過程の段階におとしめることにほかならず、日付けも、様態も、背景も分からない結末におのれを委ねることにほかならない。これは絶対的行為からは程遠い。自殺の固定観念と死の感情とのあいだには何ら共通のものはない。――私の考えでは、この感情は深い、不変の感情であり、それ自体のうちに結末をもち、かかるものとして死すべき宿命をもったものであり、宇宙的背景から切り離すことのできないものだが、自己破壊のあらゆる形式の中心にある、あの自我の劇とは別個のものである。死は必ずしも解放とは感じられない。自殺はつねに解放であり、つまりは救済の極点、発作である。

品位を重んずるのであれば、自分の死ぬ瞬間は自分で選ぶべきであろう。誰もがそうするように息絶えるのは下品であり、私たちをうかがい、私たちを打ちのめし、私たちを名状し難いもののなかにつき落す結末に、どうにも手の下しようのない結末にさらされているのは、やりきれないことだ。自然死というものが完全に信用を失い、新しい決り文句でさまざまな教理問答の豊かになるときが、おそらくはやって来るだろう。例えばこんな文句だ、「おお主よ、この生に訣別する恵みと力を、遅滞なく消えうせる許しをわれらに与えたまえ。」

自殺に対して企てられた千年に及ぶ陰謀のために、社会は人間であふれかえり、動脈硬化をきたしている。しかるべきときにみずからを滅ぼし、嬉々としてわれらが亡霊のもとに馳せ参ずることを学ぶのは私たちの義務というものである。この決心がつかぬ限り、私たちは侮辱されてもやむをえまい。自分の存在理由がなくなってしまったのに、なお生に執着しているのはおぞましいことだ。だが、どこを見ても目に入るのは、まさに自然死の下劣さである。

「子供の頃の知り合いだった人に、何年か経って再会すると、その人の身に何か大きな不幸が起ったに違いないと、一瞥しただけでほとんどつねに思い込んでしまうものである」（レオパルディ）。生きながらえるとは衰えゆくことであり、生存とは存在の喪失なのだ。必要なときにこの世から消え去る者がいない以上、私たちは生き残っている者は誰であれ、これを懲罰に付し、残りの日々を短縮するよう励まし、必要とあれば手助けしてやらねばなるまい。一定の瞬間以後、執拗に生き続けることは、とりもなおさずわが身の失墜に同意することにほかならない。だが、どうすれば自分の衰えを確かめることができるのか。さまざまの衰えの徴候を誤解しないだろうか。失墜の自覚には、自分の失墜そのものに対するある種の優越が含まれていないか。含まれているとすれば、それでも人は失墜したといえるのか。繰り返すが、どうして私たちは自分が墜落し始めたことを知ることができるのか。どうしてこの瞬間を確定することができるのか。――おそらく、間違いはあるだろう。だが、そんなことはほとんどどうでもいいことだ。なぜなら、いずれにしてみたところで、私たちは決して遅滞なく死ぬことはないからである。私たちは成りゆきまかせであり、そして成りゆきのままに流れてゆくときになってはじめて、自分が漂流物であることを知るのだ。欣然として消えうせるには、もう遅すぎるのである。

*

俺は自殺するつもりだと考えるのは健康にとってよいことだ。この問題以上に疲れを癒してくれるものはない。この問題に取り組み始めると、私たちはたちまちほっとした気分になる。この問題を考えることは、ほとんど自殺行為そのものと同じように私たちを自由にしてくれるのである。

私が瞬間の埒外に存在していればいるほど、永遠に瞬間に対して超然としていられるという予見は、いよいよ私を生存に合体させ、私をさまざまな生き物と対等のものにし、ある種の信用を私に与えてくれる。この、それなくしては済まされぬ予見は、あらゆる衰弱から私を救い出してくれたばかりか、私が誰に対しても何ひとつ不満をもたず、十分満足していたあの時期を経験させてくれたのだ。この援けと、それが与えてくれる希望とがなかったならば、楽園さえ私には最悪の刑苦と見えたことであろう。自殺という観念がなかったならば、人はたちどころに自殺して果てるだろうと、何度私は考えたことか！　この観念にとり憑かれた精神は、この観念をいつくしみ、崇め、そこにさまざまの奇蹟を期待する。あたかも溺れようとしている人間が、難破という観念にしがみつくように。

＊

自殺の理由は実にさまざまだが、生き続けようと考える理由もこれに劣らない。もっとも、後者の理由の方がずっと古いものでもあれば、ずっと強固なものでもあるという相違はある。後者は他の理由より重みがあるが、その理由はそれが私たち人間の発端とひとつのものであるからである。それにひきかえ、経験の賜である前者は必然的により新しいものであり、後者よりは切実なものでもあれば、あやふやなものでもある。

＊

「俺には自殺する勇気はない」といった同じ人間が、その舌の根も乾かぬうちに、どんな勇敢な人間でも尻込みするようなあっぱれな行為を、卑怯だといって非難することがある。人が自殺するのは苦悩や恥辱との対決を避けるためだと、今もかわらずに繰り返されている。だが、そういう考えをもっている人々は、自殺を避けようとしないばかりか、すすんで自殺を受け容れさえするのはまさに弱者たちであり、また自殺を断乎として斥けるには力が必要であるということが分かっていないのである。実をいえば、人間ほどにも、というかすくなくとも、至高な行為を遺憾ながらがんとして拒否している宗教ほどにも古い偏見を克服するよりは、自殺する方がはるかに容易なことなのだ。カトリック教会が自殺に対して手厳しい態度を執り続けていたあいだ、特別待遇の制度に浴していたのは狂人だけであり、彼らだけが自殺を企てる権利をもっていた。自殺しても彼らの屍体は辱しめられることも、つり下げられることもなかったのである。古代のストア哲学と現代の〈自由思想〉、例えばセネカとヒュームとのあいだで、カタリ派の合間を除けば、自殺は長い中断を経験した。——けだし、死を欲しながら、あえて自殺の禁止に背くことのできなかったすべての者たちにとって、なんと陰鬱な時代であったことか。

＊

さまざまの病弱・不具は、私たちがこれを観察し分析してしまうと、由々しさも力も失ってしまう。一度くわしく吟味してしまえば、私たちはこれらの病弱・不具をよりよく耐えることができる。もっとも、悲しみはこの限りではない。悲しみは、メランコリーにかかわりのある機能の一部など与り知らない。それは頑固で手に余るものであり、気紛れも知らなければ、移り気も知らない。悲しみに対しては、どんな遁辞も媚態も用をなさない。そして悲しみを話題にし、それを解説してみたところで、悲しみは増えもしなければ減りもしないのである。それはある。

＊

いまだかつて一度たりとも自殺を考えたことのない者は、絶えず自殺を念頭に置いている者よりもずっと素早く自殺を決意するだろう。決定的行為というものは例外なく反省によるよりは無分別によって、はるかに容易に達成されるものであるから、自殺に無垢な精神は、ひとたび自殺しようという気になると、この唐突な衝動を抑えようがないのだ。そして、かつては考えてもみなかった決定的な解決策の啓示に目は眩み、動転するのである。――これにひきかえ、もうひとつの精神は、無限に反芻を繰り返し、底の底まで知りぬいている行為を、相も変らず先に延ばすことができよう。そして、いつか覚悟が決まれば、冷静に自殺を遂行することになるだろう。

＊

宇宙に満ちあふれているさまざまの悲惨は、宇宙の実体の不可欠の部分である。この悲惨がなければ、宇宙は物理的に存在しなくなるだろう。この事実から最終的帰結を導き出すことが、〈見事な〉自殺をするということではない。この形容語に値するものは、明白な動機も、〈理由もなく〉、無から生じる自殺、すなわち純粋な自殺だけである。神を、「摂理」を、いや「運命」をも辱かしめ、粉砕するのは、あらゆる大文字への挑戦ともいうべきこの自殺である。

＊

一般に考えられているように、人は錯乱の発作のなかで自殺するのではなく、耐え難い明視の発作のなかで自殺するのであり、そこにとどまっていれば、狂気とも思われかねない明視の激発のなかで自殺するのだ。というのも、何としてでも厄介払いしたいと思うような、極限に達した過度の明視は、理性の限界を越えているからである。自殺の決意が極点に達したときでも、明視には何らの曇りもみられない。そんなわけで、白痴は実際には決して自殺しないが、自分が白痴になるのではないかという恐れや予感から自殺する場合はありうる。このとき、自殺行為そのものは精神の最後の跳躍と見分け難く、精神はおのれを無に帰するに先き立って、自己を取り戻し、そのもてる力と能力のすべてを糾合し、最後の敗北の瀬戸際で、自分が完全には敗北していなかったことをみずから証し立てるのである。そして一瞬、自分のもてる一切の手立てを完全に掌握して、精神は消えうせる。

＊

私たちは冷静に自殺する術を忘れてしまった。古代人はこの術にたけていた最後の人々であった。自殺として私たちに考えることができるのは、もはや情熱的な、熱にうかされた自殺、霊感を受けた状態としての自殺だけだ。超脱についていえば、私たちは痙攣に見舞われた人間としてそれを切望している。「十字架」以前のあの賢者たち、彼らは劇も感激もなしにこの世と絶縁し、あるいはこの世を甘受する術を心得ていた。彼らの生き方は、その平静沈着さの土台ともども見失われてしまった。王位簒奪者「摂理」が立ち現われて、「運命」をいたるところから追放した。そして「運命」以外の何ものも私たちを助け、私たちの心を魅することができないとき、この「運命」にひとつの支えを見出すべく、私たちは再び「運命」に相まみえようと急ぐのである。

*

「欲望」以上にも深く、また不可解なものはない。そうであればこそ、私たちは欲望の粉砕に絶望したときにのみ自分が生きていると感ずるのだ。

*

私たちが自殺してもしなくとも、すべてはもとのままである。だが誰にとっても、自殺の決意は、かつてなされた決意のなかでは最も重要なものに見える。こんなことは本来ありえないはずなのだが、事実はこの通りである。そしてこういう錯誤、ないし神秘に勝るものは何もないのである。

＊

さまざまな人間や事物から私を切り離している間隙、私の感覚のひとつひとつのただなかに口を開いている空隙、こういうものとしかいまだかつて一体となったことがない以上、それが何であれ何かに賛同し、自分の言葉に責任を負い、自分の不決断のみならず確信にさえ賛意を表するおのが姿に、どうして驚かないでいられようか。これほどまでの純真さは私を悲しませ、同時に安堵させる。

＊

自殺を考えるには絶対を渇望していなければならない。だがまた、一切を疑いながら自殺を考えることもできる。これは当然のことだ。というのも、絶対を探究すればするほど、絶対に到達できぬ恨みから、私たちはいよいよ懐疑のなかにはまり込むからだ。懐疑は探究の裏面、偉大な企図の、偉大な情熱の否定的結果ともいうべきものであろう。絶対が追求であれば、懐疑は後退である。逆様の追求ともいうべきこの後退は、とどまることを知らぬとき、理性的な歩みをもってしては到達不可能なさまざまな極点につき当る。最初、それは方法にしかすぎなかった。今やそれは、おのれを越えて進むすべてのものがそうであるように、眩暈である。さまざまな限界を目指して進むこと、あるいは後退すること、何であれ事物の根源を探ること、これは必然的に自己破壊の誘惑に出合うことにほかならない。

＊

地中海のあの小さな島で、(9) 朝まだき、恐ろしく切り立った断崖への道をたどりながら、私は休暇をとった管理人の考えをあれこれと追ってみるのだった。あの別荘を手に入れ、黄土色に塗ってやろう、柵ももうひとつこしらえさせよう……自分の考えは念頭を去らなかったけれども、私はどんな些細なつまらぬものも見逃がそうとはしなかった。さまざまの龍舌蘭を眺めたり、ぐずぐずと道草を食ったりしては、目前に迫っている自分の意図をはぐらかそうとしていたのである。突然、犬が吠えた。だがすぐ私を喜んで迎えると、犬は私に従いて来た。神々から見捨てられてしまったとき、相手になろうと近寄ってくる動物がどんなに慰めになるものか、これは実際に経験した者でなければ想像することはできない。

＊

陽の光に無と化した風景を前に静かに立ち尽しているには、筋金入りの体が必要である。私にはそんなものはない。太陽は陰鬱な観念を送り届けに来るわが出入りの商人であり、そして夏は、この世界及び私自身との関係をつねに検討しなおしては、両者に多大な迷惑をかける季節である。

何ものも存在しない、事物は仮象という規定にさえ値しない。こういうことが分かったとき、私たちはもはや救いを必要としない。私たちは救われており、そして永遠に不幸なのである。

*

もうこれからは何事も鼻にかけるのはやめようと思うが、なかなかうまくゆかない。それでもときにはうまくゆくと、もう自分は死すべき人間のギャングの仲間ではないような気持になる。そういうとき、私はすべてのものを、神々さえも越えている。大いなる、極端な優越感、これこそはおそらく死というものだろう。

*

明日死ぬのも三十年後に死ぬのも同じことだと気づいた夜を、ジャン・パウルは生涯で最も重要な夜と呼んでいる。これは決定的であると同時に無益な啓示である。というのも、この啓示の妥当性を私たちがときに理解するようなことがあるにしても、これとは裏腹に、ここから最後の帰結を導きだすのを私たちは厭うからであり、明日と三十年後との相違は、さし当り誰にとっても動かし難いものに、あえていえば絶対的なものに見えるからである。つまり生存するとは、いま死んでもいつ死んでもまったく同じだということが私たちには分かっていなかった、という事実を証明することにほかならない。

自分が何者でもないと知っているにしても、なお私はこの事実を真に自分に納得させなければならない。私はこの真実を深く確信しているが、私の内部の何ものかがこれを拒否している。ということは、部分的にしろ私が自分を理解しそこなっているということだ。そして私の内部に、わが裁判所と検閲の手の及ばぬものがあるからこそ、私は自分自身を完全に把握することができるとはどうしても思えないのだ。かくして私たちは重大な唯一の行為に対して賛否両論を繰り返しながら、いまだに生きてあることを疾しく思うようになるのである。

*

自殺の固定観念は、生きることも死ぬこともかなわず、この二重の不可能性に絶えず注意を注いでいる者の属性である。

*

行動している限り、私の遂行するものにはひとつの〈意味〉があるものと私は信じている。そうでなければ、私はそのことを遂行することはできまい。私が行動することをやめ、行為者《アジャン》から審判者に変れば、件の意味はもう見当らない。さまざまのことに熱中している私、この私の傍にもうひとりの私(私の私だ)がおり、これは熱中している私より優れている。つまりもうひとりの私にとって、私の行為、いや私の存在そのものさえ意味もなければ実在性もないのである。あたかも永遠に過ぎ去ってしまった、遠い昔の事件が、その表面上の理由は見分けることはできても、内在的必然性は理解できないような事件が、問題であるかのようである。これらの事件はまったくなかったのかも知れない。そう思われるほど私たちには無縁のものなのだ。もし右のような考え方が生存全体に適用されるならば、生誕の不条理をめぐる反芻に及ぶことは必至である。

同様に、もし私たちがいかなる行為にかんしてであれ、一年後、十年後、百年後、あるいは千年後のその結果を自分の胸に問うてみるならば、その行為をなすことはおろか、想像してみることさえできないだろう。あらゆる行為は、限定された視界を前提とする。ただ自殺の場合だけは例外だ。というのも、それはある広大な視界から、あまりに広大にすぎるために他の一切の行為が無益なものにも、実現不可能なものにもなってしまう視界から生まれるからである。この視界に較べれば、すべては空しく、取るに足りない。これのみがひとつの脱出口を——深淵ということだが——解放をもたらす深淵を提供してくれるのだ。

＊

この世において、あるいはあの世において、それが何であれ何かを期待するのは、いまだにさまざまのしがらみを引きずっていることの証拠である。神に見放された人間は楽園を渇望する。この渇望が彼の人格をおとしめ、彼の名誉を危うくするのだ。自由であるとは、報いの観念を永久に捨て去ることであり、人間からも神々からも何も期待せず、この世及びあらゆる世界にとどまらず、救済そのものを断念し、しがらみ中のしがらみたる救済という観念をも粉砕することにほかならない。

＊

頑固そのものであって他の何ものでもない自己保存本能——肝心なのはこれと戦い、それのもたらすさまざまな被害を暴きだすことだ。自殺を復権させ、その優れた点を強調し、自殺を楽しいものに、誰の手にも届くものにするならば、私たちはますますうまくこれらの被害を暴きだすことができよう。自殺は決して否定的な行為ではない。それどころか、自殺以前になされた一切の行為を償い、崇高なものに変えるのは自殺である。

生存は侵すべからざるものといわれてきたが、誤解のなかでもこれほどわけの分からぬものはない。生存は侵すべからざるものでないのみか、私たちがそれを厄介払いしようと努めているからこそ、その限りで価値をもつにすぎないのだ。それはせいぜいのところ偶発事、私たち各人が徐々に宿命に変えてゆく偶発事である。生存に対する態度が決まれば、生存に執着するのを私たちは恥じる。だがそれにもかかわらず、私たちは生存に執着しているが、これは長い、自覚することのない過程の結果であり、この過程によってどんなに経験に富んだ者たちでさえ、生存を真面目なものと見なすように仕向けられるのである。これとは逆の過程を介して、私たちは生存をその発端の状態に、その原初の無意味さに連れ戻すべきであろう。それには奇蹟にも似た努力が必要であろう。この努力を惜しまぬ者は、奴隷ではなくなるだろう。彼はおのが日々の主人となり、おのれの判断で日々の連続を断ち切るだろう。彼の生存は彼の思いのままとなるだろう。ということは、生存がその出発点に、その真の地位に、まさに偶発事の地位に達したということにほかならない。

＊

まるで目的なしに生きること！　この状態を私は垣間見もしたし、一度ならずそういう状態に到り着いたこともあったが、そこに留まることはできなかった。これほどの幸福を享受するには私はあまりに弱すぎるのだ。

＊

もしこの世界が尊敬すべき神に由来するものならば、自殺は大胆不敵な行為、言語道断な挑発行為であろう。だが、この世界はある下位の神の手になるものと考えることこそ至当なことなのだから、どうして私たちが自殺をためらうのか合点がゆかない。誰に気がねをするのか。

信仰の消滅に便乗した大搾取者ともいうべき自殺は、今後ますます裕福になってゆくだろうが、同時にまた、破門というその不思議な魅力を使い果たしてしまったからには、いよいよもって謎めいたものではなくなるだろう。かつて自殺は刺激的で賞賛に値するものであったが、今やそれは風俗となり、力を増している。そして自殺が異常なものでなくなれば、その未来はかえって保障されているように思われる。宗教の世界の内部において、自殺は狂気の沙汰とも、裏切りとも、この上ない大罪とも見えるものだった。信仰をもちながら、どうして自分を滅ぼすことができようか。下位なる神、この仮説で我慢しようではないか。この神には極端な行為を、出来そこないの世界に対する根本的な勝利を可能ならしめる利点がある。

ついに自分の過ちに気づき、その罪をみずからに認める創造者、私たちはこういう創造者の姿を想像してみることができる。彼はおのれを断念し、退き下がる。そして最後に上品さを慮って自決する。かくして彼はその手になる作品とともに姿を消すが、もちろん人間がこれにかかわりがないわけではない。以上が、最後の審判の改良版となるだろう。

*

自殺した人間は人類の遠い未来の運命を身をもって示した者たちだ。彼らは予告者であり、かかる者として尊敬されなければならない。やがて彼らの時代がやって来よう。人々は彼らを誉めたたえ、彼らに公的賛辞を捧げ、過去においてすべてを予見し、見抜いていたのは彼らだけであったと語るだろう。いやそれのみか、彼らこそは余人に先んじていた者、その身を犠牲に捧げて道を示した者たちであり、それなりの殉教者であったとさえいうだろう。彼らは、自然死が幅をきかせ、自殺などに執着する者などひとりもいなかった時代に、自殺したのではなかったか。彼らは、無条件な不可能性がひとつの不運、ひとつの特権ではなくなり、やがて万人の運命になることを、余人に先んじて知っていたのである。

先駆者たち、これが彼らの呼び名となろう。事実、彼らはキリスト紀元初頭のマニ教徒たちと同じように、そして奇妙なことにマニ教徒の後の弟子カタリ派と同じように、先駆者であった。マニ教徒とカタリ派は悪の絶対的力を敏感に感じ取り、「創造」を告発したが、驚くべきことに、カタリ派におけるこの告発は、教養のある人々よりも一般大衆によく見られるものであった。ベルナール・ギィ(10)の『異端審問官要覧』や、〈異端者〉のさまざまな思想や陰謀にかんする当時の報告書のたぐいをどんなものでもよいから繙いてみれば、これは十分に納得できることだ。そこには――私たちの意を強くしてくれる細部として――例えば、皮なめし業者や材木商人の妻が堕天使と戦っている姿とか、〈この上ない悪魔的行為〉を犯したかどで私たち人間の最初の祖先たちを告発している姿などが見てとれる。これらのセクトの人々、というか幻視者たちは、いかにも奇妙なことに、熱狂のさなかにありながら覚めており、人間のなすすべての重要な行為の背後に悪魔の仕掛けた罠を見抜く能力を授けられており、必要とあれば餓死する術を心得ていた。そして彼らにとっては決して珍しいものではなかった、このあっぱれな行為は彼らの教義の頂点を示すものであった。「エンデュラ」(11)に入ること、つまり、完全に疲労困憊するまで断食すること、これはこのセクトへの加入に際して行われる宗礼であり、すみやかに死をもたらすものとして〈心なごめる者《コンソレ》〉(12)を、背教の、あるいはあらゆる種類の誘惑から守ることがその使命であった。

性の有益な側面に対する嫌悪、子を産むことの恐怖、これは「創造」の告発と切り離すことはできない。怪物どもを繁殖させたとして何になろうか。もしカタリ派の教義が勝利を収め、どこまでもみずからに忠実であったならば、それは集団自殺に立ち到ったことだろう。だが、このような結果はほとんど望むべくもないことであった。というのも、精神はどんなに先に進んでいても、十分には熟していなかったからである。今日においてすら、精神はまだまだ成熟してはいない。人類が断食《エンデュラ》に入るまでには、これから長いあいだ待たねばなるまい。もちろん、人類がいつか断食に入ると仮定しての話だが。

*

一二一一年、ボゴミル派に対して開かれた宗教会議において、破門に付せられたのは彼らのなかでも特に次のように主張している者たちであった。すなわち「婦人はサタンの協力で腹に子を宿すが、サタンはそれ以後、子供が生まれるまで引き下がることなく腹のなかに留まるのである。」

私としては、悪魔《デモン》ともあろうものが、数か月にわたって私たちの相手をつとめるほど人間に興味をもっているとはとても考えられない。だが、私たちが悪魔の見ている前で腹に宿り、悪魔が実際に私たちの愛しい生みの親たちを助けたことは否定できない。

*

未来永劫にわたるこの閉塞感、生まれる前にすでに用済みとなり、あまりに落ちぶれ果ててしまったために同情を寄せる相手もいないというこの感覚、自殺すればば人をあやめることはあるまいというこの確信——これは悪しき自殺の誘惑であり、聖パウロの用いた区別をそのまま使っていえば、神の見地からする悲しみではなく悪魔の見地からする悲しみから生まれた自殺の誘惑である。それはまた身も世もない深い悲しみであり、たとえもうひとつの世界を解明したところで、もとのままに、無傷のままに残ると思われるような慰めるすべのない悲しみである。

さまざまの衰弱と恐怖に対して、『フィロカリア』(13)の推めている〈短くて、しかも熱烈な〉あの祈りとはどんなものなのだろうか。

*

なぜ私は自殺しないのか。——もし私が自殺の妨げになっているものを正確に知っているならば、もう私には自分に課する問いはあるまい。なぜなら、私は一切の問いに答えてしまったのだから。

＊

もうこれ以上苦しまぬためには、深い無私無欲の心境にいたり、此岸にも彼岸にも関心をもたず、死者たちの無関心主義をよしとする境地にまでゆかねばなるまい。その屍体を想像することなしに、どうしてひとりの生者を視ることができようか。自分が身替りになることなく、どうして一個の屍体を眺めることができようか。存在することは理解を絶しており、存在することは私たちを怯えさせる。

＊

まったくもって善良なる者は、決して命を捨てる決心をすることはあるまい。この果敢な行為は残酷さのおりを――あるいはその残余を――要求する。自殺する者は、ある種の条件のもとでは、人を殺すこともできよう。自殺と他殺は一族なのだ。だが他殺に較べれば自殺は、自分に向けられる残酷さというものがずっと稀なものであるという理由から、いっそう洗練されたものであり、また自分自身の意識によって粉砕されるという陶酔感が自殺にはつきものである点は抜きにしても、いっそう複雑なものである。

善良さによって本能を骨抜きにされた人間は、おのが運命に差出がましい干渉をすることもなければ、もうひとつの運命をみずから作り出そうとも思わない。彼はおのが運命に耐え、それにおのれを委ね、憤怒も、尊大さも、悪意も与かり知らぬものとして生き続ける。実はこれらのものこそ、ともに自己破壊を誘い、それを容易ならしめるものなのだ。おのれの最期を早めるという観念は、ついぞ彼の念頭をよぎることはない。それほど彼は慎み深い人間なのだ。事実、みずから手をくだした死以外の死を受け容れるためには、病的な慎み深さが必要である。

*

祈りは独白とは別のものであり、エクスタシスにはそれ自体を越えた価値があり、私たちの救済ないし破滅は神にとってゆゆしき問題である——こんなことをどうして納得することができようか。だが、一日にほんの一瞬にしろ、これは容認することのできるものでなくてはなるまい。

*

未来に、この深淵に、いかにも激しく打ちのめされている私からすれば、未来という観念さえ消えてなくなってくれればと思うほどだ。というのも、私を忘我の状態におとし入れ、現在を味わうことを妨げているのは、この観念のうちにひそむ深淵へ私が滑り落ちるからではなく、実は未来という観念であるからである。私の理性は、あらゆる事態、今後出来するはずのすべてのものを前にしてよろめく。私を蝕み、怯えさせるのは、私を待ちかまえているものではなく期待そのものであり、かかるものとしての切迫である。うわべだけのものにしろある種の平穏を再び見つけ出すためには、明日なき時間に、斬首された時間にかじりついていなければならない。

＊

「俺はこの世を捨て、祖先たちの世界を捨て、神々の世界を捨てる」――三つの放棄の、この文句を繰り返してみたところで詮ないことだ。僧服と荒野、これらのものと私との距離をおし測ってみるとき、私はさしずめ縁日に現われたヒンズー教の苦行者といったところか。

＊

悔恨とは早すぎる老化の徴しではあるまいか。そうだとすれば、私は生まれながらの老いぼれだ。

＊

衰弱の光に照らして事物を考察したことがなければ、事物の本質を探ったことにはならない。

孤独でありたいという欲望がいかにも強く、誰かと言葉を交わすくらいなら、おのが頭蓋をピストルでぶち抜いた方がましだと思う瞬間があるものだが、大切なのはこういう瞬間だけだ。

＊

生を中途で放棄した人間にとって、困難なのは残りの生の始末だ。おそらく生存は彼には重荷だが、だからといって生存しているという彼の驚きが底をついてしまったわけではない。ここに彼の不決断が由来するのであり、また、はるか以前に抱懐した企図を達成する機会に恵まれぬまま、中途でとどまらざるを得なかったという後悔もここに由来する。放棄の落伍者。

＊

私たちの思想に何らかの重みを与え、空転を阻むのは私たちの苦悩である。そしてまた実在などはどこにもなく、苦悩そのものも実在性を欠いていると私たちに主張させるものも、私たちの苦悩である。かくして苦悩は私たちに防御の戦略を示唆する。つまり私たちは、苦悩は存在しないと断言し、苦悩を普遍的な欺瞞に結びつけて、苦悩にうち勝つのだ。もし苦悩が耐えうるものであるならば、苦悩を軽減したり、苦悩の仮面をはぎ取る必要がどこにあろうか。私たちの脱出口は、苦悩をあるいは悪夢に、あるいは気紛れに同一視する以外にない以上、後者を選ぶにこしたことはない。

よく考えてみれば、何ものも存在しないに越したことはない。もし何かが存在するとすれば、私たちはそれを捉えられぬという懸念を抱きながら生きることになろう。何ものも存在しない以上、すべての瞬間は完全なものであり、そして同時に何ものでもない。その瞬間を享受するかどうかはどうでもいいことなのだ。

＊

自己嫌悪の底の極みで考える——たぶん俺は必要以上に自分にケチをつけている。俺と同じ妄執に苛まれながら、こんなに長い年月のあいだ、生きているような素振りを見せることのできた者にはついぞお目にかかったことはない。

＊

ある人間に自殺を回避させる唯一の方法は、その人間に自殺をそそのかすことだ。彼は君の行為を決して許そうとはしないだろうし、自殺の計画を断念するか、その遂行を先に延ばすかして、君を敵とも裏切り者とも思うことだろう。君としては彼の助けに馳せ参じ、彼を救ってやりたいと思っていたのに、君のそういう好意に彼はただ敵意と軽蔑しか見ない。何とも奇妙なことに、彼は君の賛同を求め、君の加担を願っていたのだ。正直のところ、彼は何を期待していたのか。君の方で、彼の混乱状態の性質を誤解していたのではないか。君に援助を申し出るとは、彼としては何とうかつなことであったことか！ 彼が立ち到ったあの孤独の段階で、彼を震憾させたに違いないのは、神以外の誰とも理解し合うことができぬということなのだ。

＊

私たちはみな例外なく病いに冒されており、実在でないものを実在と取り違えている。生者は生者たる限り、盲人を兼ねた狂人である。つまり、彼は事物の欺瞞的な面を見抜くことができず、いたるところに堅固なものを、充実したものを認める。そして奇跡的に事物を明瞭に見るようになると、とたんに彼は空《ヴァキュイテ》無に心を奪われ、そこで愁眉を開くのだ。実在にとって替った空無は、実在よりもはるかに豊かなものであり、全体なき全体の代りとなり、存在の土台でもあれば不在でもあり、存在の底知れぬほど深い異《ヴァリアント》文である。だが不幸にも、私たちはこの空無を欠陥と考えたのだ。私たちの不安が、挫折が生まれたゆえんはここにある。それなら、この空無は私たちにとっていったい何なのか。せいぜいのところ半透明の袋小路、手応えのない地獄だ。

＊

彼は自分のさまざまな欲望を衰弱させ、滅却しようとやっきになったが、彼にできたことといえば、欲望を狂わせ、欲望のもっている健全なもの、刺激となるもののことごとくを欲望から取り去ることだけだった。つまり彼は、かつてのおのが本能を惜しんでいる、苛立ち、蝕まれた一匹の猛獣だった。爪を使いたいという欲求は鈍ってはいないのに、爪は丸くなり、その激しい力のすべては深い悲しみに変ってしまった。(というのも、深い悲しみとは粉砕され、辱しめられた攻撃性、おのれを顕示することのできぬ攻撃性にほかならないからだ。)

彼はまず自分のさまざまな情熱をぶち壊すことから始めた。つぎは信念だった。この過程は免かれ難いものだった。たとえその対象が何であれ何かを固執することには、小児病ないし精神錯乱の気味がある——彼の日々の生活において重要な役割を果したこの啓示は、正当なものであったかも知れない。おそらく彼は今でも、この啓示に賛同するだろう。しかしだからといって、それが苛酷な、耐え難いものであることに変りはない。それは生きながらえることを許しはするが、生存することを許しはしない。この啓示は、ひとたびそれに捉えられればもう二度ともとの状態に戻ることのできぬあの確信のひとつなのだ。

生まれついての論争好き、喧嘩好きであった彼が、もう論争もしなければ喧嘩もしない。すくなくとも、他人とはもうやらない。かつては他人に向けた殴打を自分に向け、殴打を受けるのは彼である。彼の自我が標的だ。彼の自我だって？　そいつはどんな自我なのか。彼にはもう殴る相手がいない。犠牲者もいなければ、殴る主体もいない。あるのはただ動因とてない行為の連続にすぎず、さまざまの感覚の無名の行列にすぎない……

彼は解脱者なのか、幻影なのか、廃人なのか。

＊

「人間にとって、自分の魂を失うようなことになれば、世界を手に入れたところで何になろうか。」世界を手に入れ、おのが魂を失うこと！　――私のやったのはもっと上等なことだ。つまり私は世界をも魂をも失ったのだ。

＊

私が何を試みたところで、それは明白な、あるいは偽装された失墜の表明以外の何ものでもあるまい。すべて－の－外に－ある－人間、これが長年私の奉じてきた主義である。私はまさにこのような人間になり、いまや一身にこれを具現している。私の懐疑は達成され、私の否定は現実と化した。かつてわが生き様とも想像していた生を、いま私は生きている。自分がひとりの弟子であることがやっと分かったのである。

救われざる者

「構成されたすべてのものは必ず滅びなければならぬ。絶えず汝が救済に努めよ。」――仏陀が入滅にのぞんで最後に与えたこの勧告を考えてみればみるほど、私たちは自分が宇宙を構成する諸要素の、偶然ではないにしてもその場かぎりの集合体であり、出合いであると感じられぬことに、いよいよ困惑する。私たちがこのような存在であることは抽象的にはたやすく認めるものの、直接的には、あたかも問題は同日に論ずることのできぬ事実であるかのように、私たちはこれを肉体的に拒否するのである。この体質的嫌悪を克服しない限り、私たちは生存への欲望という呪いを基本要素とする、あの災厄を免れることはできまい。

さまざまな事物の仮面をはぎ取り、事物に仮象という名の烙印を捺してみたところで、そんなことはほとんど取るに足りぬことだ。というのも私たちは、事物が存在を隠しもっていることを自動的に認めているからである。私たちのさまざまな行為が、いや本性そのものがそこに由来するところのあの幻惑、すべてのもののなかに非実在を見分けることを妨げるあの原初の眩暈、こういうものから自分を引き離す必要がなければ、私たちはどんなものにでもしがみつくのである。

私は隠喩によって〈存在〉である。もし事実において〈存在〉であるならば、私は永遠に〈存在〉のままであるだろうし、そうなれば死は意味を失い、私に何らの影響を及ぼすこともあるまい。「絶えず汝が救済に努めよ」――つまりこれは、私たち人間はひとつの儚い寄せ集めであり、ただ分離のみを待っている成分からなる一個の化合物であることを忘れるな、ということだ。事実、救済に意味があるとすれば、私たちがまったく取るに足りぬほどにも儚い存在である場合だけである。私たちの内部にいささかなりとも持続の原理があるならば、私たちはとうの昔に救われていたか、破滅していたであろう。もうどんな探究も展望もなかったであろう。もし解脱が重要なものだとすれば、私たちの非実在性こそは真の幸運なのだ。

*

私たちは存在からそのさまざまの属性を奪い取り、もはや存在がひとつの支えでも、私たちの一切の執着の根拠でも、私たちを安堵させる永遠の袋小路でも、私たちが最も慣れ親しんだ、最も根の深い偏見でもないものにすべきであろう。私たちは存在の共犯者、というか存在と見えるものの共犯者である。というのも、存在はなく、あるのは存在の擬物にすぎないからだ。かりに真の存在があるとしても、存在する一切のものは束縛に、桎梏に転ずるからには、なお私たちはこの真の存在からわが身を切り離し、それを根絶やしにしなければなるまい。その余のものには影の地位を与えることにしよう。そうすれば、そこからわが身を切り離すのもずっと容易になろうというものだ。もし私たちが、これらのものは実在している、と信じるほど正気を失っているならば、何とも名づけようのない誤算を犯すおそれがある。心して次の事実を認めよう。すなわち、私たちの身に起る一切のもの、一切の出来事は、あらゆる絆同様、非本質的なものであり、またもしひとつの知があるとすれば、それが私たちに啓示すべきものは、幽霊どものなかを動き回る利点である、ということを。

思考もまた偏見であり、桎梏である。思考が私たちを解放するのはその発端においてのみであり、そのとき思考は、ある種の執着を断ち切ることを私たちに許す。このときを過ぎれば、思考のなし得ることは、私たちの活力を吸収し、解放への私たちの意欲を麻痺させることだけだ。思考がまったく私たちの援けにならぬことは、私たちが思考を中断したときに感じ取る幸福感が十分これを証明している。思考は欲望と似ているが、その欲望とまったく同じように、それはおのが本質そのものを糧としており、好んでおのれを顕示し、増殖する。やむを得ぬとあれば、真実を目指しはするが、しかし思考を定義するものは多忙である。つまり、私たちは欲望を好むがゆえに欲望するように、思考を好むがゆえに思考しているのだ。いずれの場合においても、そこにあるのは作り物《フィクシオン》のただなかにおける熱中であり、非-知の内部における過労である。知を得た者とは、欲望と思考の生みだすあらゆる作り話から覚めた者、俗世の動きに超然たる者であり、彼はもはや欺瞞には同意しない。思考することとは、自己保存と自己破壊の欲望にとりつかれ、おのれを生みだしてはおのれを喰う、あの無尽蔵の錯覚のようなものであり、つまりは妄想と張り合うことなのだ。これほどまでの熱中のなかに正常なものがあるとすれば、私たちが呼吸する間だけであり、私たちがみずからの喘ぎにうち勝つ歩行停止の瞬間だけである。これらの間《ま》の、妄想のこれらの合間の、全体性とひとつのものである空《くう》の経験には、欲望の一時的な消滅が含まれている。というのも、私たちを非－知のなかにつき落し、私たちに譫言を語らせ、私たちの周囲のいたるところに存在を作り出すようにそそのかすのは欲望であるからである。

空《くう》は私たちに存在の観念を打ち砕くことを許すが、この破壊は空そのものには及ばない。空は、他のすべての観念にとっては自己破壊となるような攻撃のあとにも生き残る。なるほどそれは観念ではないが、私たちがすべての観念を厄介払いする助けになるものなのだ。それぞれの観念は、それだけ余分の執着に相当する。放棄の邪魔物である一切の信念を取り除かねばならないように、私たちは精神から観念を取り除かねばならない。そしてこれをやってのけるためには、私たちは思考の作用を越えなければならないのだ。思考がその作用をやめぬ限り、それは猛威をふるい、私たちは、精神と欲望の熱狂が醒めたときにのみ知ることのできる、空の深さを見抜くことはできないのである。

私たちの抱いているあらゆる信念が本質的に皮相なものであり、ただ仮象にしか影響を及ぼさぬものならば、両者はともに同じ水準にあるもの、非実在の同じ段階にあるものということになる。私たちはこれらのものとともに生きるように作られており、これを避けることはできない。つまりこれらのものは、私たちの日常的な、あたり前の不運を構成しているものなのだ。そうであればこそ、これらのものを暴き出し、厄介払いするようなことになると、私たちは前代未聞の状態に、一種の膨張の状態に入るのであり、この状態に較べれば、あらゆるものが、あの不運そのものさえ色あせたものに、副次的なものに見えるのだ。私たちの境界は後退する。もっとも、私たちにいまだ境界があるとしての話だが。私《モア》なき私《モア》ともいうべき空は、〈私《ジュ》〉の冒険の清算であり、何ら存在の痕跡をもたぬ存在であり、ある幸運なる蕩尽、比較を絶した災厄である。

(空を存在の代替物に変え、かくして執着のメカニズムを阻害するというその本質的機能から逸脱させるのは、危険なことだ。だが、もし空がそれ自体執着の対象になるならば、存在に、そして存在につき従うさまざまな迷妄の行列に満足した方がはるかにましなことではなかろうか。おのれのさまざまな執着を断ち切るためには、自由という無を別にすれば、もはや何ものにも執着しないことを学ぶべきだ。)

*

人間や事物に関心をもたず、しかもそのことを苦と思わぬことこそ願わしいことだろう。私たちは、人間であれ事物であれ、何かを断念することによって、毎日その何かに面目を施してやらねばなるまい。かくして私たちは、さまざまの仮象を検討し、そのひとつひとつを厄介払いすることで、永遠の放棄に、悦びの秘密そのものに到達するだろう。私たちが自分のものとするすべてのもの、物的獲得物はもとよりさまざまな認識にいたるすべてのものは、私たちの不安を募らせるものにすぎない。これに反し、これらの財貨、精神的なものでさえあるこれらの財貨に対する狂気じみた探究がおさまれば、何という心の安らぎが、晴れやかさが得られることか！　とこここにいたれば、〈私《モア》〉というのは由々しきことだ。〈私のもの〉にいたっては言語道断だ。というのも、それは転落の過剰を、世界への私たちの服従の強化を前提としているのだから。私たちは何ものも所有しておらず、また何ものでもないという観念こそは慰めである。そして至高の慰めは、この観念そのものの克服のなかにこそあるのだ。

　不安はいかにも強く存在に固着しており、それがみずからを克服したいと思うなら、存在からおのれを断ち切らねばならない。不安は神のなかに憩いたいと願っているのか。そんなことができるのは、神が存在に立ち勝ったものであるときか、あるいはすくなくとも、そこにおいては存在が小さくなり希薄になるような領域が、神のうちに含まれている場合だけだ。そこにおいてこそ、不安は取りすがるべきものはもはや何もなく、解放されるのであり、おのが存在の残余を清算し果たした神が空に心そそられる、あの窮極の地点に近づくのである。

*

　東洋では周知のことだが、賢者は計画を立てることを拒み、何ひとつ企図しない。だから君は賢者のようなものだろう……実をいえば、君にしても計画は立てるのだが、それを遂行するのが嫌なのだ。計画について考えれば考えるほど、それを断念したとき、君はいよいよエクスタシスの境地にまで到りうるような満足感を覚えるのだ。

私たちは誰にしたところで、非－知の結果である計画のなかに生き、またそれを糧に生きている。つまりそれは、人類にふさわしい形而上的精神朦朧とでもいうべきものなのだ。この精神朦朧から覚めた者にとって、生成と、ましてや生成の枠内のすべての行為は、罠にすぎず、嫌悪と激しい不安とを生みだす欺瞞にしかすぎない。

肝心なことは何かを生みだすことではなく、理解することだ。そして理解するとは、ひとりの人間の到達し得た覚醒の程度を見抜き、それぞれの現象に含まれている非実在の総体を知覚することのできるその人間の能力を見抜くことにほかならない。

*

具体的なものと空とに満足することにし、両者の中間にあるすべてのもの、例えば〈文化〉、〈文明〉、〈進歩〉、こういったものはすべて追放し、かつてこの世で私たちのみつけ出した最良の方法、すなわち、修道院内での手仕事について思いめぐらすことにしよう……肉体の消耗と観照、この両者を除けば、どこにも真実はなく、その余のすべては偶然のもの、無益なもの、不健康なものだ。健康は鍛練と空無《ヴァキュイテ》のなかに、筋肉と瞑想のなかにこそあり、いかなる場合にも思考のなかには存在しない。瞑想するとは、ひとつの観念に没入して、おのれを忘れることであるが、思考することは、ひとつの観念から他の観念に飛び移り、量のうちに喜びを見出すことであり、下らぬものを貯め込んでは、概念から概念へ、目的から目的へと追求の手を休めぬことである。瞑想と思考とは二つの相異なる活動であるにとどまらず、両立不可能でさえある活動なのだ。

だが、自分を無理にも空《くう》に従わせるのは、これまた追求のひとつの形式ではないか。そうかも知れない。だがそれは、追求の不在の追求であり、他のすべての目的を一挙に排除してしまう目的を目指している。私たちは不安のなかに生きているが、それというのも、どんな目的も私たちを満足させることができないからであり、私たちのすべての欲望、ましていわんや存在としての存在には、個人というこの偶発事に必然的に影響を及ぼす宿命がさし迫っているからである。現実と化するものは何ものも、失墜を免れることはできない。この宿命の埒外への跳躍ともいうべき空は、静寂主義《キエチスム》のすべての産物がそうであるように、本質的に反悲劇的なものだ。私たちは空の加護により、おのれの根源へ、おのれの永遠の潜在性へ溯行しながら、みずからを再発見する術を学ばなければなるまい。私たちの一切の欲望は、空によって終止符が打たれるのではないか。そして私たちが欲望を追求せず、また欲望を何ひとつ感じなくなるあの瞬間に較べれば、欲望とは、その総体においてそもそも何であるというのか！　幸福は欲望のなかにではなく、その不在のなかにある。もっと正確にいえば、この不在への熱狂のなかにある。

*

――私たちが転げ回り、沈み込み、姿を消し、叫びたいと思うのは、この不在のなかでだ。

空そのものがあまりに重苦しいものに、あるいはあまりに不純なものに見えると、私たちは、想像しうる一切の空間形式を越えた赤裸の状態へ向かって急ぐが、このとき、時間の最後の瞬間は最初の瞬間に追いつき、そこで消えうせる。

*

意識の含む一切のものを、それが引きずっているすべての世界を、意識から一掃しよう。知覚とともに意識を純化し、あらゆる色を否定する色を除いて、すべての色を忘れ、もっぱら白色だけを相手にしよう。多様性を破棄し、ニュアンスの苦痛から逃れ、単調なもののなかに消えうせると、なんという心の平安がやって来ることか！　純粋形式としての意識、そして意識の不在そのもの。

耐え難きものから逃れるために、気晴らしを、遁走を、そこにおいてはいかなる感覚も名を名乗ってもくれなければ、いかなる欲望も現実と化してくれない領域を探し、原初の休息を取り戻し、過去とともに、厭わしい記憶を、そしてとりわけ、私たちの変ることなき敵、私たちを貧しくし、衰弱させることを使命とする意識を廃棄しよう。これに反し、無意識は私たちを養い育ててくれるもの、私たちを強化してくれるものだ。それは私たちを私たちの発端に、原初の完全性に与らしめ、個別性の傷が始まる前の恵み深いカオスのなかに再び沈めてくれるのだ。

＊

何ものも重要ではない。これはかつてない一大発見であり、しかもこれを活かしえた人間はひとりもいない。空のスローガンであるこの発見は、私たちの意気を挫くものと考えられているが、そのようなこの発見に、私たちの心を昂揚させる外観を与えることができるのはただ空のみであり、否定的なものを肯定的なものに、償い難いものを可能性のあるものに変えようと努めているのも、ただ空だけだ。自己などというものは存在しない。私たちはこの事実を知ってはいるが、しかしこの知はさまざまの底意を背負い込んでいる。幸にして、空はそこにある。そして自己が消えてなくなれば、空は自己に、すべてのものにとって代り、私たちのさまざまな期待を満たし、私たちの非実在性という確信を私たちにもたらす。空とは、眩暈なき深淵である。

私たちは本能的に自己に従いたい気持をもっている。私たちの内部にあるすべてのものが、そうすることを要求するのだ。つまり自己は、連続性や不変性に対する私たちのさまざまな要求をみたしていたのであり、明白なる事実に反して、私たちに非時間的な一次元を与えるのである。そうだとすれば、私たちが自己を疑問に付し、その欺瞞ぶりを暴き出すときでさえも、自己にしがみつくほど当然なことはない。つまり自己とは、生きとし生けるものの反射運動なのだ。……だがそれにしても、私たちが自己を冷静に考察すると、たちまちそれが不可解なものに見えてくることに変りはない。それは砕け散り、消えうせ、もはや一個の作り物《フィクシオン》の象徴にすぎない。

私たちの最初の運動は、私たちを自己同一性の陶酔へ、無差別性の夢へ、アートマンへ導いてゆくが、この運動は私たちの最も深い、最も秘められた訴えに対応している。迷妄から覚めた私たちが後退すると、私たちは私たちの存在の仮定された根拠をたちまち放棄し、根源的な非破壊件に向きなおるが、この非破壊性の認識と経験、その秩序整然たる強迫観念が私たちをニルヴァーナへ、空のなかの充実へ導いてゆく。

＊

絶対の観念が有害なものとはいわぬまでも、うさん臭いものであるのは、それが私たちに永続性の錯覚を与え、約束できぬものを約束するからだ。根っこを傷つけられ、出来具合からしてまるで永続しそうもなく、本質そのものにおいてすら死すべきものである私たち人間が必要としているものは、慰めではなくして回癒である。絶対は、私たちを困惑させるさまざまな問題を解くこともなければ、私たちのかずかずの病いを除くこともない。それは最後の手段、姑息な手段にすぎない。絶対を説く教義が正しいのは、それが分析だけをこととし、さまざまの仮象を暴き出す、その限りでのことだ。仮象に対してひとつの窮極的実在を対置するや、とたんにそれはうさん臭いものになる。私たちが欺瞞的なものの支配する世界を捨て去り、欺瞞的なものを不壊《ふえ》なるものに変えようとやっきになると、たちまち私たちは虚偽にはまり込む。私たちが空に対して嘘をつくことがすくないとすれば、空を空として、そこに含まれていると思われる真実のために、空を求めているからではなく、空の治療上の力のゆえに空を求めているからである。私たちは空を食餌療法としているのであり、何かが実在すると仮定する精神の最も古い偏見を、空が矯め直すものと想像しているのだ……

手負いの動物たる人間は、ひとつの〈希望〉だけで満足していられる段階を越えてしまった。人間がその上なお期待しているのは、ある種の策略などというものではなく解脱である。誰が解脱を人間にもたらすのか。この点にかんして重要な一点は、仏教に較べればキリスト教はずっと助けにならぬものであったこと、そして西洋の思弁は東洋のそれに較べれば、ずっと有効なものではなかったこと、これに尽きる。なぜ私たちは、私たちの叫び声に無感覚な抽象家どもに、私たちの傷をかき立てるのに急な救い主どもにかかわり合うのか。そして瞑想家を無為症患者とみなし、覚者を皮をはがれた人体標本とみなす、あの一部の人間にいまさら何を期待するというのか。

私たちには救いとなるような何らかの衝撃が必要である。聖トマスが驚愕に「哲学的瞑想にとっての障害物」を見たなどということは信じられない。私たちが理解し始めるのは、いいかえればあらゆる〈真実〉の空しさを知覚し始めるのは、まさに〈呆然自失〉したときなのだ。驚愕が私たちを呆然自失たらしめるのは、ただ私たちをよりよく目覚めさせるためであり、つまりは本質的なものに私たちの心を開かせ、そこに私たちを委ねるのである。十全なる形而上的経験とは、絶えることなき驚愕にほかならず、華々しい驚愕にほかならない。

＊

私たちを純化し、私たちの心を鎮めてくれる空に心を開くことができないのは、貧困の証拠だ。いかにも卑しく、おのが哲学に骨がらみになっている私たちは、空のさもしい解釈ともいうべき虚無《ネアン》をしか理解することができない。私たちのありとあらゆる不確実性を、惨苦を、恐怖を、私たちは虚無に投影したが、それというのも、虚無とは地獄の抽象的補完物、神に見放された者の立てた大手柄、解脱に向かぬ人間の成し遂げることのできる、明視への最大限の努力、こういうものでないとしたらつまるところ何であろうか。虚無は私たち人間の不純にあまりに汚されすぎており、そのため空（これは地獄を引き継いだものではないし、地獄に汚されてもいない）の概念が私たちにとってそうであるような、純粋な概念に向かって私たちが跳躍するのを許さない。実をいえば、虚無は不毛なる一極点、私たちを当惑させる、どことなく陰惨な一結末にすぎない。この結末は自己放棄の試みに、あまりに未練がましいものであるがゆえに、ついには怨恨に変ってしまうあの自己放棄の試みによく似ている。

空とは否定的な性質を失った虚無、変容された虚無である。もし私たちが空を味わうようなことになれば、世界と私たちとの関係は形を変え、私たちの古い欠陥は消えてなくならぬにしても、私たちの内部の何ものかが変化する。だが、そのときはもう、私たちはかつてのように、この世界の者ではない。

そうであればこそ、私たちが憤怒の危機に見舞われたとき、空に頼ることこそ有益なのだ。空に触れれば、私たちの最悪の衝動すら鈍ってしまう。空が存在しなかったならば、私たちは今頃はおそらく徒刑場か、どこかの独房に入れられていたであろう。空は私たちに自己放棄の教えを与えてくれるが、この教えはまた、中傷者や敵を前にしたとき、もっと含みのある行動をとるように促してもくれる。やつらを殺すべきか、それとも生かしておくべきか。どっちをとれば、やつらを余計痛い目に会わせ、最大限苦しめられるか。復讐か、それとも復讐を抑えることか。どうけりをつければいいのか。決断がつきかねるときには、復讐しないという刑苦を選ぼう。

私たちが聖者でないとき、以上が譲歩し得るぎりぎりのところである。

*

解脱に向いているのは、苦悩の普遍性に苦しめられている者だけだ。この苦悩を自覚することなくおのれの解放を願うのは、不可能でもあれば、悪でもある。根拠なき解脱はない。人は何かから、この場合に即していえば、耐え難きものの遍在から、おのれを解放しなければならぬのであり——この耐え難きものを、存在を仮定するにしろ非存在を仮定するにしろ、人は同じように感じ取る。なぜなら、事物も事物の見せかけも、等しく苦悩をもたらすからである。だがそうはいっても、空無《ヴァキュイテ》を仮定すれば、ひとつの利点がもたらされる。つまり、この仮定は苦悩の過剰の上に、苦悩の大きさの上に、そして苦悩を惹起する原因の空しさの上に、いっそう正確な光を当てるのである。この世界が実在のものであるにしろそうでないにしろ、私たちはつねに過剰に苦しんでいる。たしかに、大部分の人間は自分がどれほど苦しんでいるかを知らない。耐え難きものに目覚め、人間が苦しめられているうずくような迷妄を認識するのは、意識の特権である。

キリスト教の救いについても、事情は解脱の場合と変らない。ある神学者は、お話にもならぬほど純真に、一方で原罪をきっぱり否定しておきながら、罪の贖いを信じている。だが、もし罪が人間性とひとつのものでないならば、救い主の出現にどんな意味を与えることができるのか。救い主は何を贖うためにやって来たのか。決して偶然のものではない私たちの堕落は永遠のものであり、不変のものである。不正についても同断だ。不当にも〈神秘的なもの〉と非難されている不正は、ひとつの明白なる事実であり、この世において最も目につきやすいものでさえある。この世において、事物をしかるべき場所に戻すためには、各世代ごとの、というかむしろ各個人ごとの救い主が必要とされるだろう。

＊

欲望することを止めてしまえば、とたんに私たちはあらゆる世界の市民となり、同時にいかなる世界の市民でもなくなる。欲望によって私たちはこの世界の者であり、欲望を克服してしまえば、もう何処の者でもなく、聖者にも幽霊にも羨望を抱くべきすじのものは何もない。

幸福が欲望のなかにあるという場合があるかも知れない。だが、至福が姿を見せるのは、あらゆる執着が断ち切られたところだけだ。至福はこの世界とは両立しない。隠者があらゆるしがらみを断ち、わが身を滅ぼすのは、この至福を得んがためだ。

*

初期の仏教教団において、僧たちに使用の認められていたただひとつの薬は牝牛の小便だった。今日ではとても正気の沙汰とは思われぬ制限だ。もし私たちが心の安らぎを求めるならば、不安の要因である一切のものを、人間が単純さの上に、原初の健康の上につけ加えたすべてのものを捨て去らぬ限り、心の安らぎは得られまい。薬局に見られる光景ほど、私たちの失墜を見事に暴き出しているものはない。そこに置いてある薬は、私たちのそれぞれの病いにとっては、いずれも願ってもないものばかりだが、私たちの本質的病いに効く薬はただのひとつもない。いかなる人間の発明をもってしても、この本質的病いから私たちを癒すことはできまい。

*

自分をかけがえのない人間と思い込むのは錯覚が原因だとしても、これは認めなければならないが、この錯覚はきわめて全体的な、いかにも余儀ないものなのであって、今もってこれを錯覚と呼べるかどうか問うてみてもおかしくないほどである。二度と再び見つけ出すことのできぬものを、わが名をもっている、この未聞の、哀れな、取るに足りぬ人間を、どうして断念することができようか。私たちが耐え忍ばなければならぬあらゆる苦しみの源泉たるこの錯覚は、私たち各人の内部にいかにも深く根を下ろしており、私たちは、私たちの自我を運び去って行っては、私たちを、誰ひとり、自分自身すらも存在しないひとりにしてくれるような、突然襲いかかって来る旋風の力によらなければ、この錯覚を克服できないほどである……

不幸にして私たちは、おのれのさまざまな欲望を根だやしにすることはできない。せいぜい欲望を弱め、危険にさらすことくらいだ。私たちは自我に、〈私〉という毒に追いつめられている。この毒から逃れたとき、逃れたものと想像するとき、私たちには、真の、そして偽の神秘神学に使われている大げさな言葉を使う何がしかの権利が与えられる。根底的な改心などというものはない。つまり、人はおのが本性をもったまま改心するのだ。「悟り」を開いた後の仏陀でさえ、余分の認識をもったゴタマ・シッダルタにすぎなかった。

押し殺してしまったものと信じていたすべてのもの——例えば、さまざまの欠陥、悪徳、強迫観念——は、しばらくすれば再び表面に浮かび上って来る。〈直してしまった〉どんなに明白な欠陥でさえ、姿を変えてまたぞろ顔をみせるが、それでも厄介な点は以前と変らない。このような欠陥を厄介払いするために私たちは苦労するが、この苦労はしかし必ずしも無益なものではあるまい。長いあいだ退けていたある欲望が、再び現われる。だが私たちは、それが戻って来たものであることを知っている。もうそれは、知らぬ間に私たちをつき動かすことも、私たちの不意をつくこともない。なるほど、それは私たちを支配し、私たちを屈服させ、私たちは相も変らずその奴隷だが、しかし同意せぬ奴隷である。あらゆる意識されていた感覚は、勝利することはできなかったものの私たちがそれと戦ったことのある感覚である。それに勝利することができなかったことを、私たちはさして苦にしているわけではない。なぜなら、この戦いが勝利を収めていたら、感覚は私たちの深い生から追放されていただろうから。

*

私たちはあらゆる出会いのなかで最も安易な出会いを選んだ。すなわち、神かその代用品との出会いであるが、いずれにしてみても、おしゃべりか論争の相手としての個人であった。私たちは観照を緊張に変え、かくして神と私たちとのあいだに、不快なほどにも情熱的な関係を作りだした。だが内的ドラマの練達者になることができたのは、求めはすれども見出そうとは思わぬ人間たちだけであった。現代の偉大な掘り出し物は精神の不安というものであり、実体と空無との分裂、もっと詳しくいえば、両者の擬物どうしの分裂である。ここに、あらゆる領域において、特異性に対する崇拝の生まれるゆえんがある。文学的観点からすれば、稀有な謬見は、試験ずみで周知の、一般に受け容れられている真実よりはずっと価値のあるものなのだ。これに反し、精神の次元では、人の意表に出る異様なものは何ら価値をもたぬものであり、ただ経験の深化の度合いだけが意味のあるものなのだ。
『バガヴァッド・ギータ』によれば、〈懐疑の虜〉になった者は、この世においてもあの世においても救われないが、仏教はこの同じ懐疑を救済への五つの障害のひとつに数えている。というのも、懐疑は深化ではなくして沈滞であり、沈滞の眩暈であるからである……懐疑をもってしては進むことも、どこかへ到り着くこともできない。懐疑とは咬むことであって、それ以外の何ものでもない。懐疑とはまるで無縁のところにいると思っているときでさえ、私たちは再び懐疑に捉えられ、そしてすべてがまた始まるのだ。懐疑が爆発しなければ、私たちは解放への道に踏み込むことはできない。懐疑の最も正当な理由をも木端微塵に粉砕するはずのこの爆発、これがなければ、私たちはいつまでも不安のままであり、不安を育て、偉大な決断を回避し、おのれを咬み、そしておのれを咬むことに満足しているのである。

*

おのが名声や作品に恋々としている者はもとより、名声を、あるいは作品を夢みている者、要するに優柔不断な人間は、わが身を消し去り、痕跡を残すまいとする情熱には向いていない。こういう人間はよしんば救いに執着しているにしても、ニルヴァーナに埋没するくらいが関の山であろう。

＊

悲哀をかこつ神秘家、こんな図はちょっと想像できない。神秘家には世間知が、すべてを見通す冷淡さが、内的次元を欠いた過剰な明視がつきものだが、悲哀は、絶対との、そして自分自身との関係で背信行為に及び、もうすがるべきものも、訴えかけるべき者も分からなくなった人間に固有のものである。だがそれでも、悲哀は想像以上に頻繁にやって来る。それは至極ありふれた、日常的なものであり、各人に分け与えられた運命である。これに反し、例外的なひとときの果実ともいうべき悦びは、ある種の不均衡から、私たちの最深部の変調・混乱から生まれて来るようにみえるが、それほど私たちが生きている明白な事実とは矛盾しているものなのだ。そしてもし悦びが他所から、私たち自身よりもずっと遠くからやって来るとしたら？　悦びとは膨張であり、そしてすべての膨張はもうひとつの世界の性質を帯びているが、一方、悲哀は、無限が背景に立っているにしても、収縮である。もっとも、ここにいう無限とは私たちを解放するかわりに、粉砕してしまう無限だが。

いやいや、悦びが調子の狂ったものとはほとんど考えられない。それはどこからもやって来ない、などというにいたっては言語道断だ。悦びはいかにも充実した、魅惑的な、不思議なほどにも耐え難いものであり、何らかの至上の保証がなければ、これを引き受けることはできないほどだ。いずれにしろ、人間は感謝の気持への欲求から神々を作りあげることができる、と考えられるのもただ悦びのしからしめることなのだ。

*

救済についてひとつのラディカルな方法をもたらした唯一の宗教にかんして、現代の人間がおのれの見解を表明しなければならぬ場合、彼がどんな言葉を口にするかは、たやすくこれを想像してみることができる。

「解脱の探究が容認されるのは、人々が輪廻を、自我の無際限な彷徨を信じ、ここにひとつの限界を置きたいと切望している場合だけに限られる。だが、こんなものを信じていない私たちにとって、何に対して限界を設ければよいのか。このかけがえのない、そして取るに足りぬ持続に対してなのか。この持続があまりに短いものであって、それを逃れようとする労苦に値しないものであることは明白だ。仏教徒にとって、もうひとつの生存の予感は悪夢であるが、私たちにとって、この世における生存の停止、あの悪夢の停止こそが悪夢なのだ。悪夢についていえば、私たちの失寵があまりに早く達成されぬためにも、私たちがいくつもの生を生きるあいだ私たちについてまわる余裕が失寵に与えられるためにも、むしろもうひとつの悪夢が与えられるならば、私たちは叫び出したい気持になるだろう。

「生存の追加に怯え、一度ばかりか二度死なねばならぬという辛い務めを恐れている者、解脱がひとつの必然性に相当するのは、こういう者にとってだけだ。再生を禁じられている私たちにとって、取るに足りぬものから自由になるために、その最後が目にみえている恐怖から解放されるために、奮闘してみたところで何になろうか。この世におけるすべてのものがすでに非実在であるならば、至高の非実在を追い求めたところで、これまた何になろうか。これほどにも正当化されることのない、これほどにも根拠を欠いているものならば、わざわざ厄介払いするまでもないことだ。

「迷妄と苦悩の増大、これこそ私たちの誰もが、生誕と死の終ることなき輪舞の存在を信ずる幸運に恵まれなかった者の誰もが、切望しているものだ。私たちは再生の不運を渇望している。仏陀は実に辛苦を重ねたが、その果てに彼は何に到り着いたのか。決定的な死だ。こんなものは、仏陀以外の私たちなら、瞑想も、禁欲も、どんな努力もなしに、確実に手に入れることのできるものだ。」

……この失墜した人間がその考えを洗いざらいさらけ出すことに同意したならば、ほぼ以上のように自分の考えを披瀝することだろう。誰が彼に石を投げようとするだろうか。これと同じように自分に語りかけなかった者がいるだろうか。私たちはおのれ自身の歴史にあまりに深くのめり込んでしまったあまり、私たちの歴史が絶え間なく永続して欲しいと願っている。だが、私たちが一回生きようが千回生きようが、一時間もっていようが、すべての時間をもっていようが、問題は同じだ。生存するという事実を恐ろしいものとみなすその態度において、一匹の昆虫と神に相違のあろうはずはない。この事実があまりに恐ろしいものであるからこそ(ただ奇蹟だけがそうであるように)、私たちはいつまでもぐずぐずと生きているとき、永遠に消え去ろうと思うのであり、別の生存においてこの事実を再考するのは願い下げにしてもらいたいと思うのだ。仏陀がこだわったのはこの事実である。そして彼が輪廻のメカニズムを信じなくなったとしても、その結論が変ったとは思われないのである。

＊

一切のものには根拠が欠けていると思いながら、なおかつおのれの生に決着をつけぬこと、この矛盾は矛盾ではない。というのも、空の知覚は極限にまでつきつめられると、一切のものの知覚と、一切のものへの参入とに一致するからである。ここにいたって初めて私たちは見はじめるのであり、もはやためらうこともなく、心は安らぎ、動じることもない。もし信仰の外に救済の機会があるとすれば、その機会は、非実在との接触によって豊かになる能力のなかに探さなければならない。

空の経験が欺瞞にしかすぎぬとしても、だれでもこの経験はやってみるだけの価値はあるだろう。この経験が意図しているもの、試みようとしているものは、生と死とを一個の些事に還元することであり、しかもその唯一の目的は、生と死とを私たちにとって耐えやすいものにすることなのだ。ときとしてこれがうまくゆくことがあるとすれば、私たちにしたところで、ほかに何を望み得ようか。この経験がなければ、存在の欠陥を癒す薬はないし、またほんの一瞬にすぎないにしても、生誕以前の悦びを、純粋な先在の光を回復する希望もない。

扼殺された思念

I

ある種の問いは、際限もなくこれを反芻していると、鈍痛と同じように、ついには私たちの土台を掘り崩してしまう。

*

悲しみの原因は血の〈減速〉にあるとは、いかなる古代作家の著作でお目にかかった言葉だろうか。淀んだ血、悲しみとはまさにこれにほかならない。

*

愛することをではなく憎むことを止めたとき、私たちは生きながらの死者であって、もう終りだ。憎しみは長もちする。だから生の〈奥義〉は、憎しみのなかに、憎しみの化学のなかにこそ宿っているのだ。今もって憎しみは、かつて人間の見つけえた最良の強精剤であるばかりか、どんな虚弱な有機体にも等しく黙認されているものだが、これは理由のないことではないのである。

想いを致すべきものは宗教ではなくして神であり、神秘神学ではなくしてエクスタシスである。

＊

信仰の理論家と信者との相違は、精神科医と狂人の相違ほどにも大きい。

＊

稔り豊かな精神の特性は愚行にたじろがぬことである。気難しい連中はこれに怖気づく。彼らが不毛なるゆえんである。

＊

探検家もペテン師も思い及ばぬほどの計画を立て、しかも意志の根そのものが冒されている。

＊

〈同時代者〉とは何者か。理由はよくは分からぬものの殺してやりたいと思ぅ者の謂だ。

＊

芸術において、愛において、またすべてのものにおいて、洗練とは生命力欠如の徴《しるし》である。

＊

大洪水へのノスタルジーか、それとも日常的なものへの陶酔か、絶えず去就に迷う。

＊

躊躇《ためらい》という悪癖をもち、悔恨の自動人形であること。

＊

身の毛のよだつ幸福。無数の遊星のふくれあがる血管。

＊

人間と呼吸を合わせ、かつその調子を捉えること、これ以上に困難なことはない。

＊

病気は窮乏に風味を添える。貧窮にコクをつけ辛くする。

＊

精神は根気強く堂々めぐりをしなければ、つまり深くならなければ前へ進むことはできない。

＊

起きぬけになすべき義務。おのれを恥じること。

＊

不安は彼の人生の絶えることなき糧であった。不安をたらふく喰い、はちきれんばかりになった彼は、不安の異常肥満者だった。

＊

あまりに反抗しすぎた者が受け取る分け前は、もはや失望のためにしか活力がないということである。

＊

オリゲネスの断定ほど間違ったものはない。それによれば、魂にはそれぞれそれに相応しい肉体があるというのである。

＊

あらゆる予言者には、例外なく未来に対する好みと幸福に対する嫌悪とが同居している。

＊

世に忘れられて死ぬよりは軽蔑されて死にたい、これが栄光を願うということだ。

＊

だしぬけに俺にも頭蓋があることに思いあたる——それでいて気もふれぬとは！

＊

苦痛は一刻また一刻と時間をつぶさに味わわせてくれる。私たちにとって時間が存在することはかくも明白なのだ！　苦痛に見舞われることのない他の者たちの上を、時間は滑ってゆく。だから彼らは時間のなかに生きてはいない。いや、そもそもかつて時間を生きた経験さえないというのはほんとうなのだ。

＊

不運の感情。そのなんたるかを知っているのは、楽園のただなかにおいてさえこれを味わうことをわきまえている者だけだ。

＊

私たちの思想のすべては、私たちの惨苦によって決まる。もし私たちがある種の事柄を理解するとすれば、その功績の帰するところはただひとつ、私たちの健康の欠陥、これのみである。

＊

自分の〈星〉を信じないならば、どんな些細な行為すら努力なしには成し遂げることはできまい。コップ一杯の水を飲みほすことすら、とてつもなく巨大な仕事、とても正気の沙汰とは思われぬ仕事と映りもしよう。

＊

人々は君に行為を求め、証しを求め、作品を求める。そして君が創りだすことができるものといえば、形をかえた涙だけだ。

＊

野心家は手持の苦悩のストックを洗いざらい使い果たした後でなければ、世に埋もれて生きる気持にはならぬものだ。

＊

私が夢みているのは、個々の言葉があたかも拳のように顎の骨を打ち砕く、そんな言語だ。

＊

趣味とすべきものは、聖歌、冒瀆、癲癇のみ……

＊

ひとつの、ただひとつの思想のみを持つべきだ——ただし世界を木端微塵に粉砕する思想を。

*

おのれ自身を知ったが最後、私たちはもはや自分の意図を実現することも製作することもできない。おのが行為のさまざまな動機を誤解し、欠点と長所とをしかと吟味することを嫌《いと》い、おのれの能力のほどを正確に見届ければいやでも行き着くはずの袋小路を予感し、かつ恐れる者、こういう者が多産なのだ。自分自身がすけて見えるようになった創造者は、もはや製作しない。すなわち、おのれを知るとは、おのが天与の才とデモンとを窒息させるに等しいのだ。

*

存在しないよりは存在するほうがましだ、ということを証明するいかなる方法もない。

*

〈日々の善用〉にかんするタウラーの説教にこんな言葉がある。「ゆめゆめメランコリーな気分に浸っていてはなりません。それはあらゆる善行の妨げになるからです。」

わが日々を私はなんと悪用してきたことか!

＊

私はわがあらゆる熱狂をば圧し殺した。けれどもそれは存在する。それは私の貯え、未開拓の内奥、おそらくはわが未来である。

＊

明晰性に深くうがたれた精神。

＊

私の懐疑は私の自動運動に打ち勝つことはできなかった。私は相変らずさまざまな動作を繰り返してはいるが、といってこれらの動作に同意できるわけではない。この不実な劇を克服すること、それはおのれを否認し、おのれを無効と断ずることにほかなるまい。

＊

誰に哀願すべきか分かってしまったなら、心からなる信仰をもつ者などひとりもいない。宗教が生きたものであるのは、祈りの言葉に推敲がほどこされる前だけだ。

形而上学的次元においては、あらゆる形の無能と挫折は例外なくひとつの積極的な特徴をもっている。

＊

この世は陰鬱なる神の産物、この神の影を曳きずっている私は、神と神の手になる作品にかけられたかずかずの呪いの結果を嘗め尽くさなければならない——この想いは何をもってしても私から拭い去られることはあるまい。

＊

いつの日にか、精神分析が完全な信用失墜の憂き目にあうことは火を見るよりも明らかだ。しかしそうなったからといって、私たちの純真さの最後の残りかすが破壊されずに済むというわけではない。精神分析の後では、もう私たちは決して単純無垢ではありえないだろう。

＊

私たちの夢は私たちの内奥の生には何らかかわりをもたぬ、それは悪しき文学の領域に属するものだ、と宣言したその夜、睡りについたとたんに私が応接したものは、最も古く、かつまた最も秘められたわが恐怖の行列であった。

＊

ひと呼んで〈魂の力〉というものは、おのれの運命を別様に想像しまいとする勇気にほかならない。

＊

その名に恥じぬ作家は母語に専念し、あれやこれやの国語を探しに行くような真似はしない。彼は自己防衛によって限定されており、またそうであることをみずから望んでいる。大きすぎる精神の自由ほど、ひとつの才能を確実に殺すものはない。

＊

モラリストの第一義的義務は自分の書く散文から詩趣を殺《そ》ぎとり、しかる後に人間たちを観察することである。

＊

ある日、ひとりの老婆が私にいったものだ、「自然というのは私たち人間をなんて不様にこしらえたんでしょうかね！」もし私がわがマニ教的反応に耳傾けていたならば、次のように答えるべきであったろう、「不様にこしらえられたのは自然そのものなんですよ。」

＊

彼の場合、不決断は使命の域に達していた。どんな人間に対しても、まるでなすところを知らなかった。ひとつの顔を前にすると、決断することができなかったのである。

＊

事件を予測するよりも事件に不意打ちをくらった方が、結局のところ気持がいいものだ。不幸なことをあれこれ想像して自分のもてる力を使い果たしてしまったら、不幸そのものにどうして立ち向かうことができようか。カサンドラは二重に苦しまねばならなかった、つまり災厄の前と災厄の渦中で。それにひきかえ、予知にともなう恐怖はオプティミストのあずかり知らぬものである。

＊

プルタルコスの語っているところによると、紀元一世紀になると、もはやデルフォイ詣の目的はしみったれたお伺い（結婚、買い物等）を立てるだけのものになり下っていたということである。カトリック教会の頽廃は神託のそれの模倣である。

＊

フォントネル曰く、「素朴には低俗の気味がある」と。一国の限界の秘密をあばきだしてくれるがゆえに、一国を解く鍵となるような言葉があるものだ。

＊

セント・ヘレナ島で、ナポレオンは時折り好んで文法書を繙いていたということである。……すくなくともこの点で、彼は自分がフランス人であることを証明したのである。

＊

日曜日の午後。街にひしめき合っている凶暴な、疲れきった、哀れな群衆。……やつらはいたるところから流れ込んできた出来そこない、大陸の死骸、地球の吐きだした反吐だ。カエサルたちのローマが、帝国のカスどもに包囲されたあのローマのことが想われる。あらゆる世界の中心地は、例外なく世界の汚物処理場なのだ。

*

動物が姿を消しつつあるのは、前代未聞の由々しき事態である。動物の死刑執行人が風景をひとりじめにし、彼のための場所しかもう残されていない。かつては一頭の馬が眺められたその場所で、人間の姿を認めたときのなんたるおぞましさ！

*

カリギュラからヒトラーにいたる歴史のなかで不眠の果たした役割。不眠は残虐行為の原因なのか、それともその結果なのか。暴君は睡らない——これこそ暴君の本質的定義である。

*

乞食の言葉、「一輪の花のそばでお祈りをあげてごらん。花はずっと早く開きますよ。」

＊

不安はあれこれと選り好みせず、何ごとにも満足するものである。不安のお気に召さぬものは何ひとつないからだ。どんなきっかけでもかまわない、きっかけさえあれば、不安はまったくありふれた取るに足りぬ事実を後生大事に抱きしめ、そこから月並なものではあるけれども確実な不快感を抽きだしては、それをむさぼり喰うのである。実に不安は慎ましやかであり、どんなものでも口に合うのだ。どっちつかずで出来そこないの不安には、種類《クラス》というものがない。できれば断末魔の苦悶になりたいのだが、実は苦悶の観念(14)でしかないのである。

＊

文学の場合もそうだが、人生においても反抗には、たとえそれが純粋なものではあっても、どこか嘘っぱちめいたところがある。一方、断念となると、たとえ無気力から生まれたものであっても、つねに本物の印象を与える。どうしてこんなことになるのか。

＊

苛立った幾百万という人間がセーヌ河の両岸に詰め込まれ、ともに手をたずさえて一個の悪夢を丹精こめて織っている。世界のその余の人々の欲しがっている悪夢を。

*

一般に〈辛棒強い〉といわれていることは、冗漫であるということである。

*

彼の不毛ぶりには限度というものがなかった。エクスタシスにも等しいものだった。

*

おのれの義務に悖り、おのが生誕の目的であったことを成し遂げず、時間の過ぎゆくがまま、否定的にしろ時間を活かしたことがない——これは疑いようのない事実だ。けれども、最後の非難はあたらない。なぜなら、私の負った深手たる倦怠こそは、まさしく時間の逆説的な活用なのだから。

*

生まれつき喧嘩早く、攻撃的で、不寛容——それでいて、いかなるドグマをも引き合いにだすことができない！

＊

テーブルの上を、芥子粒ほどの昆虫が走り廻っている。この昆虫を目にしたとき、私の咄嗟の反応は慈愛に富んだものだった。すなわち私はそいつを圧し潰した。そして苦しみもがくやつをそのまま放っておいた。救い出したところでなんになろうか。やつがどこへ行こうとしているのか、私は切にこれが知りたかっただけだ！

＊

不安に囚われた人間はさまざまな恐怖を自分で作り上げては、そこから動こうとしない。眩暈を自分の家で楽しんでいる出不精者。

＊

観念がいったん私たちを捉えると、もう二度と放そうとはしない。なぜそんなことになるのか、その理由は分からない。あるいはこうもいえるかも知れない。観念は私たちの精神の最大の弱点から、いや、もっと正確にいえば、私たちの脳髄の最も脅かされた点から生まれるのだと。

＊

自分の死体置場を隠すことに長けた賢者とは、希望を持ちたまわぬ者の謂である。

＊

だしぬけに襲ってくるこの痙攣、何かが出来して欲しい、精神の運命が決定されて欲しいというこの期待……

＊

おそらく狂気とは、もはや進行することのない心痛にすぎない。

＊

決してこの世におさらばすることはできないと思われる瞬間、生と死とがすべての実在性を失い、そのいずれもがいまだに私たちに触れることのできぬあの瞬間……

＊

衰弱と思想とを混同するのは間違いである。これを混同すれば、精神に沈滞をきたした者は誰であれ自動的に思想家になってしまうだろう。

何より始末におえないのは、実際こういう人間が思想家になっていることだ。

*

「空しさ」の経験はそれ自体充実したものであるが、なおそこには、実にさまざまの哲学上の効力が含まれており、他を探すいわれのないほどである。この経験の力で一切を理解するなら、何ひとつ発見するものがなくともかまわぬではないか！

*

生きるとは、日ごと日ごと、あえていえば四十年間、私が自覚しないこととてはなかった不可能性である。

*

記憶の唯一の機能は、私たちの後悔を援けてくれることである。

＊

もうどこにも生身の人間の痕跡の見られなくなる瞬間を、はっきりと想い描くことができるにもかかわらず、私は何事もなかったかのように生き続けている。意識が欲望を弱めず、逆に欲望を掻き立てるあの状態を、どのように定義したものだろうか。もっとも、掻き立てるとはいっても、蛆虫が果実を目覚めさせるようなものだが。

＊

脳髄の肉体的存在が感じられると、思考の連続性はその都度さまたげられ、断ち切られることさえある。狂人たちの思考が一瞬のひらめきでしかない理由もおそらくはここにある。

＊

古の神々に向かって、ときにはこう叫びたい気持になる、「もうすこししっかりして下さい。再び存在するように努めて下さい！」

存在するすべてのものに対して、ぶつぶつ不平を並べてみたところで詮ないことだ。存在の第一症状ともいうべき、あのさまざまな不快感から判断すれば、私は存在する一切のものに縛られているのである。

＊

懐疑家とは、秘密めいたものは爪の先ほどももたぬ人間である。だが、ある瞬間から後は、彼はもはやこの世界の人間ではない。

Ⅱ

作品は無関心から生まれるものではないし、またあの澄み切った、申し分のない、決定的な無関心とでもいうべき平静な精神から生まれ得るものでもあるまい。試練の渦中にあるとき、私たちは、心を鎮め、慰めてくれる著作がほとんどないことを知って愕然とする。だが著作そのものが心の動揺と悲嘆とから生まれたものならば、どうしてそんなことを期待できようか。

＊

あらゆる思想の発端は、例外なく精神のかすかな障害に対応している。

マントルピースの上に、チンパンジーの絵と仏陀の小さな立像がある。別に意図して並べたわけではなく、偶然こうなったのだが、こうして眺めていると、次のような問いかけがひっきりなしにやってくる。変容前の人間の姿と変容後の人間の姿、この二つの極端なもののなかで、私の占めるべき場所はどこにあるのか。

*

恐怖心の過剰よりは欠如こそ異常である。ひとりの女友達のことを想い出すが、なにしろ彼女ときたら、かつて怖い思いをしたためしは一度もなく、どんな性質のものであれ、危険というものを想像してみることさえできなかった。こんなにも自由であったからこそ、こんなにも心やすらかであったからこそ、やがて彼女は拘束服を着る事態に立ちいたったに違いないのである。

*

世の人々に理解されていないという確信、この確信のなかには自尊心もあれば屈辱感もある。どんな挫折にもつきものの曖昧な性質が生まれる理由はここにある。一方で挫折を鼻にかけるかと思えば、その一方では自分を苦しめる。敗北というものはどれもこれも、なんと不純なものか!

＊

癒し難きもの──名誉の形容詞。これの恩恵に浴すべきものは、あらゆる病いのなかで最も恐るべき、ただひとつの病い、すなわち「欲望」だけである。

＊

さまざまの不幸を不当にも想像上のものと呼ぶ人がいるが、不幸は想像上のものであるどころか、まったくもって実在的なものである。というのもそれは、私たちの均衡と健康のただひとつの調整器、すなわち精神から生まれたものなのだから。

＊

新参者というやつはどれもこれも座興を殺ぐ邪魔者だ。そんなわけで、誰かある人間が何に対してであれ夢中になるようなことになると、私は気紛れにしろ、すぐ絶交の準備をする。復讐の機会に恵まれるまでの処置として。

＊

もともとルサンチマンに駆られやすい人間だから、この感情はしばしば経験してもいれば、また反芻もしている。だが、そういう私にしても思いとどまる稀な場合がないわけではない。自分があれこれの賢者に羨望を抱いていたことを、賢者にそっくりだとさえ思い込んでいたことを想い返すときである。

＊

自分自身と顔つき合わせていれば、稀有な真実を、比類ない、未聞の真実を発見できるにちがいない――そう思えばこそ是非にも孤独でありたいと願う、そういう瞬間があるものだ。だが、やっと手に入れたこの孤独からは何も生まれない、生まれ得べくもないと分ったとき、幻滅が、次いで胸をえぐる悲しみがやって来る。

＊

ある時刻になると、脳髄ではなく脳髄を占拠した虚無が、観念にとって代った大草原がまざまざと感じ取れる。

苦しむとは、すなわち意識を生みだすことだ。

＊

思考とは本質的に、もっと正確にいえば原理的に、破壊行為である。私たちは考える、考え始める。するとさまざまな絆は断ち切られ、類縁関係は破棄され、〈現実〉の骨組みは解体の危険にさらされる。思考がやっと正気を取り戻し、その持ち前の運動に反乱を起す頃には、解体作業はもうとっくに始まっている。

＊

＊

悲しみにそれ相当の理由のあることとは、考えてみれば分かるし、観察してみても分かる。ところが悦びは何の根拠もないものであり、いわば戯言のたぐいである。生きているというただそれだけのことで、楽しい気分になどなれたものではない。これに反し、目を開けば、とたんに私たちは悲しい気分になる。動物たちがよい証拠だが、知覚はこのように私たちを陰鬱にする。努力もしないで楽しそうに見えるのは、ほとんど二十日鼠だけである。

＊

あらゆる苦悩は、精神の領域においては例外なくひとつの幸運である。精神の領域においてのみ。

＊

自分の知っているものを捨て去らぬ限り、私はどんなことにも手を下すことはできない。ほんの一瞬にすぎないにしろ、自分の知っているものを考慮し、それに想いを致せば、とたんに私は熱意を失い、崩れ去る。

＊

時代から時代へとこの世の堕落がとどまることを知らぬ以上、あれやこれやと破局を予言するのは至極あたり前の行為であり、精神のひとつの義務でもある。旧制度にかんするタレーランの言葉は、どんな時代にもあてはまる。ただし、現に人々の生きている時代、将来生きているであろう時代についてはこの限りではない。タレーランのいわゆる〈しあわせ〉は、今後ますます少なくなってゆき、やがていつかは見る影もなく消えうせてしまうだろう。歴史において、私たちはつねに最悪事の入口にいる。歴史が興味をそそるのはこのためであり、私たちが歴史を憎み、歴史から離れられぬのもこのためである。

請け合ってもいい、私たちの世紀よりもはるかに進歩した二十一世紀になれば、ヒトラーとスターリンは聖歌隊の子供なみに扱われるだろう。

＊

グノーシス派のバシレイデスは、紀元初頭において次のように考えることのできた稀にみる精神のひとりであった。すなわち彼によれば、人間はみずからを救済したいと思うなら、魂の救済の紛れもない徴《しるし》ともいうべき無知への回帰を果たすことによって、生まれついてのおのが限界のなかに戻らなければならないというのだが、今にしてみれば、別にどうということもないありふれた考えである。

急いで付け加えておくことにするが、このありふれた考えはいまだに公の承認を受けていない。そっと小声で囁やかれてはいるが、この考えを公然と掲げることには誰もが二の足を踏んでいる有様である。もしこれがスローガンにでもなれば、長足の進歩がなされることになるのだが。

＊

日々の生活において、人間は打算的に行動している。決定的な選択を迫られると、自分の意志を押し通そうとする。こういう思いがけない人間の身の処し方を見落してしまうと、個人の劇も集団の劇もわけが分からなくなる。自己保存の本能が歴史に明瞭に看てとれる場合はきわめて稀である。この事実に気づかなかったら、誰も歴史など詮索したりはしない。自己防衛の反射運動はつまらぬ危険を前にしたときにのみ働き、大災厄の前では止まってしまう、あたかもこのように、歴史における一切は生起しているのだ。

＊

どんな分野でもかまわないが、ある分野で苦労をなめ、成功を果たした者の様子を見てみたまえ、ひとかけらの同情に値するものも見当らぬだろう。彼には素質があるが、しかしそれは敵の素質である。

＊

実行手段など一瞬たりとも考えず、ただやみくもに五大陸相手のテロをやらかしたいと思う――こういう切望が日がな一日とりついて離れぬ日々がある。

＊

私の活力は時間の埒外でしか奮い立たない。そして、行為の条件そのものが廃棄された世界に移り住むことを想像すると、とたんに私は自分が紛れもないヘラクレスになったように思うのである。

＊

同一瞬間の内部において一瞬一瞬を経験するように、〈生の恐怖とエクスタシス〉を同時に経験する。

＊

わが脳髄のなかに憩う疲労のなんというおびただしさ！

＊

わが不機嫌はサタンと共有のもの、サタンさながら私が陰気な人間なのは神の命じ給うたこと。

＊

私がこの上ない興味をもって読んでいるのは、神秘神学と栄養学にかんする本だ。両者のあいだに関係があるかって？　もちろん、ある。ただし、前者が禁欲を、いいかえれば食餌療法を、もうすこし正確にいえば節食を意味するものとしての話だが。

＊

「みずから蒔き、刈り取ったもの以外、口にしてはならぬ」――ヴェーダの知恵のこの忠告は、いかにも妥当な、かつ説得力に富んだものであり、これを遵守しえぬと知って気も狂《ふ》れんばかりになり、餓死してしまいたいと思う者がいるほどである。

＊

横になり、目を閉じる。すると突然、ひとつの深淵が口を開く。それはさながら一個の井戸であり、水を求めては目も眩むような速さで大地に穴をうがってゆく。際限もなく増えてゆくこの空隙、この狂乱、そのなかに引きずり込まれて、私は深淵に生を享けた者のひとりとなり、かくてはからずもおのが仕事を、いや使命すら見出すのである。

＊

対話の最中に相手が立ち去って行ってしまっても、ピュロンは我かんせずとばかり話し続けていたということである。私が気の狂《ふ》れた人間のように矢も楯もたまらずに渇望しているのは、このような無関心の力であり、このような蔑視の規律である。

友人の期待しているものは手心であり、嘘であり、慰めの言葉であり、要するに努力を、反省作業を、自己抑制を前提とする一切のことである。友情はデリカシーに対するいつに渝らぬ配慮の上に成り立っているが、こういう配慮は自然に反するものだ。友人よりは無関心な者、さもなければ敵、即刻にも欲しいのはこういう連中だ。連中のあいだでならすこしは呼吸もできようというものである！

＊

過去の、そして未来の自分の不幸にこだわりすぎたために、私は現在のそれをないがしろにして来た。私が現在の不幸に耐えることができたのはこのためだが、残りの注意力の貯えを注ぎ込んだとしても、こうも容易に耐えられたとは思われない。

＊

睡りに就くたびに、死んでゆく自分の姿を見定める訓練を欠かさないならば、睡眠も無駄なものではあるまい。こういう訓練を数年間つづけてゆくと、死からは一切の威厳が失われてしまい、もうそれはひとつの手続きか、煩わしさとしか思われまい。

偏見という偏見を片端から始末してしまった精神、——こういう精神のたどる生涯には、聖者たることが、ありとあらゆるペテン師たることと同様に、いとも容易になるような瞬間が突然やって来るときがある。

＊

残酷さは私たち人間の最も古い特徴であり、私たちはこれを借物、にせもの、見せかけものなどと呼ぶことはほとんどない。こういう称呼は、逆に善良さにこそふさわしいものである。善良さは新しい、後天的なものであり、深い根はもっていない。つまりそれは、後になって作りだされた、非遺伝性のひとつの発明品であり、私たち各人が再発明しようと努力しているものである。ただしこの努力は、ただ気紛れによってしか、それも私たちのもって生まれた本性が消えうせ、それがその祖先と自己自身とを克服したときでなければ達成されない。

＊

屋根に登り、目眩に襲われる、そして墜落の一瞬さけび声を上げる——私はよくこういう自分の姿を想像することがある。〈想像する〉とは言葉ではない。なぜなら、私はこういう想像を強いられているからだ。殺人の考えも、こんな風にやって来るに違いない。

＊

誰かある人間を忘れたくないと思うなら、その人間に絶えず思いを致し、絶えず執着していたいと思うなら、その人間を愛することではなく憎むことに専心努力しなければならない。ヒンズー教の信仰によれば、ある種の悪魔は、神を仇敵とする存在に生まれ変りたいという前生の祈願の結果である。こういう存在に生まれ変れば、神を想い、絶えず神を念頭に置くことがずっと容易になるからである。

＊

死は実存の芳香、ただ死だけが各瞬間に風味を添え、瞬間の味気なさと戦っている。私たちはほとんど一切を死に負っている。ときには私たちも死に対して恩義に報いなければと思うが、この恩義こそ、この世において私たちを最も勇気づけてくれるものである。

＊

苦悩がみずからの使命を果たし、おのれを実現し、花と開くのは、私たちが睡れぬ夜を過しているときである。このとき、苦悩は夜さながらに無限のものとなり、夜を模倣する。

＊

不運という観念をもっている限り、私たちはどんなたぐいの不安をも感じないはずである。この観念を引き合いにだせば、とたんに気持は休まり、すべてのことに耐え、さまざまな不正や病弱・不具をもほとんど喜んで耐え忍ぶのである。どんなものでも、この観念によって理解可能なものになる。そうだとすれば、白痴と利口者とが同じようにこれに頼ったとしても、なんの不思議があろうか。すなわち、この観念はひとつの説明などというものではなくして、説明そのものであり、他の一切の説明の避けることのできぬ失敗でさらに強固なものになるのだ。

＊

どんな些細な想い出でも掘り返しにかかると、とたんに憤怒で胸も張り裂けんばかりの状態になる。

＊

あの単調な光景はどこに由来するのか。それを生みだし、持続させてきた病いが多種多様をきわめたものだというのに。つまりはあの光景が、さまざまな病いを同化し、その本質だけを保持して来たからであり、この本質はすべての病いに共通のものであるからである。

＊

苦しんだことのない者との会話は、すべて例外なく下らぬおしゃべりにすぎない。

＊

真夜中。癲癇にも似た緊張。一切合財を爆破してしまいたいという切なる気持。同時に木端微塵にならぬための努力。間近に迫ったカオス。

人間は人間自体としては無価値だが、感受するものによっては何者かでありうる。だがまた、おのがさまざまな感覚を理解できぬかも知れない。

＊

理論上、生きることは死ぬこと同様、私にはほとんどどうでもいいことだ。だが実際上、私はありとあらゆる不安に苛まれており、これらの不安が生と死のあいだにひとつの深淵を開くのである。

＊

動物たち、小鳥たち、昆虫たち、彼らはとうの昔にすべてにけりをつけてしまった。どうしてこれ以上の進歩を望もうか。自然は独創性を忌み嫌い、人間を拒否し、人間を憎悪する。

＊

ある種の人間にとって、苦悩はひとつの欲求、ひとつの欲望であり、またひとつの達成でもある。彼らはいたるところでおのが衰弱を感じ取る。ただし、地獄ではこの限りではない。

＊

血のなかの尽きることなきヴィネガーの一滴。どんな妖精のお恵みやら。

＊

妬み深い人間は何ひとつ大目に見てはくれぬ。君の失敗、君の恥辱でさえやつの嫉妬の対象だ。

＊

何度か埋葬に立ち合ったことがあるが、悲しみといってみたところで、特別な感慨があるわけではない。だいいち私は、死んだ人たちに同情する気持にはとてもなれない。これに反し、こと生誕となると、どんな生誕にも呆然自失、なすところを知らぬ有様である。赤ん坊を他人に見せ、潜在性のこの災厄を見せびらかしては悦に入る、これはもう理解を絶した、狂気の沙汰だ。

＊

解脱が、純潔無垢が、ニルヴァーナが君の心を捉えて放さない。それなのに、君の内なる誰かが囁く、「もし君に最も秘められた君の願いを口に出していう勇気があるならば、君はいうだろう、ありとあらゆる悪徳をできれば案出したかったのだが」と。

＊

〈異常なるもの〉の理論家をも兼ねていなければ、怪物であったところで所詮は無駄というものである。

＊

君は君のもっていた最良のものが衰えてゆくのを拱手傍観していた。もっと細心であったなら、君のまことの天職を、すなわち暴君あるいは隠者の天職を裏切ることもなかったであろうに。

*

何かにつけて自分を責めるのは、真実と正義に多大の関心をもっていることの証拠であり、真犯人を捕りおさえ、彼を罰することである。だが不幸なことに、それはまた真犯人を怖気づかせ、麻痺させてしまうことでもあり、かくして彼を更生不適格者に仕立ててしまうのだ。

*

君の皮膚を、肉を奪い取り、ついには君を震えおののく骸骨と化する、この憤怒！

*

ある種の夜を経験した後では、人は名前を変えてしかるべきだ。なぜなら、ともあれ人はもう同じ人間ではないのだから。

*

君は誰か——お巡りにとって、神にとって、私自身にとってひとりの異邦人。

＊

ここ数年来というもの、私は「無感不動」の勧める徳目にすっかり心を奪われている。だがそれにもかかわらず、爆発させてしまえば監禁されても当然と思われるような暴力の発作を経験しない日とては一日もない。こういう痙攣が繰り広げられるとき、目撃者がいない場合が多いのだが、しかし実をいえば、ほとんどいつでもひとりの人間がその原因になっている。わが精神の錯乱には品位というものがない。すなわち、原因から自由たりうるにはあまりに凡庸な、あまりに月並にすぎるものなのだ。

＊

何事をも外から、客観的に、没個性的に取り扱うこと、そんなことはとても私にはできない。ただし、それがさまざまな不幸である場合、いいかえれば他人の裡にあって、私に自己反省を強いるものである場合はこの限りではない。

＊

ゴリラの目に浮んでいる深い悲しみ。不吉な哺乳動物。私はこの眼差しの後裔だ。

個人ないし人類を総体として考察する場合、死への歩みを進歩であると認めるのでなければ、前進と進歩とを混同してはならない。

＊

大地の起源は五十億年前に遡るようだ。生命の起源は二十億ないし三十億年前。これらの数字には、願わしい慰めのすべてが含まれている。自分の言動をあまりに重大に考えすぎるときとか、苦悩を買ってでるなどというときには、想い出してみなければならぬことだ。

＊

口籠れば口籠るほど、努めてうまく書こうとする。人はこうして弁説家になれなかった恨みを晴らすのである。吃りとは、生まれながらの文章家だ。

＊

多産な才能に恵まれ、寛大で、つねに製作することに、忙しそうに立ちまわることに満足している人間、理解し難いのはこういう人間たちのことだ。彼らの活力は並はずれたもののようだが、しかしそんなものを妬む気持にはなれない。彼らはどんなものにもなることができる。というのも、実は何ものでもないからだ。つまりは活動的な操り人形、涸れることを知らぬ才能をもった能なし。

*

私が論争に加わる気になれないのは、論争にかかわっている連中を見ると、感心はするが尊敬するわけにはいかない人間があまりに多すぎるからである。私からすれば、それほど彼らは素朴に見えるのだ。こういう連中をどうして挑発する必要があるだろうか。同じトラックでどうして張り合ういわれがあるだろうか。わが倦怠が私に授けてくれた優越性たるや、彼らが私に追いつくことなどほとんど不可能と思われるほどのものなのだ。

*

毎日、死を考えながら、しかも嬉々として存在に執着していることもできる。だが、自分の死の時間を絶えず考えることになれば、こうはいかない。この瞬間のことしか念頭にない人間ならば、その余のすべての瞬間を相手にテロ行為に及ぶこともできよう。

＊

軽薄な国家フランスが、厳格この上ない修道会の創始者ランセの如き人物を生んだことに私たちは驚く。だが軽薄さの点ではフランスに輪をかけたような国イタリアに、あらゆる詩人中もっとも深刻なレオパルディの生まれたことの方が、おそらくはずっと驚くべきことであるに違いない。

＊

ドイツの悲劇はひとりのモンテーニュを持たなかったことである。フランスが懐疑家とともに始まったとは、なんたる幸運であることか！

＊

国家という国家には愛想が尽きた。モンゴルへでも行くとするか。人間よりは馬の方が多く、無法者にまだ占拠されてはいないあそこなら、生きることも満更ではあるまい。

＊

豊穣なる観念はすべて例外なく似而非観念に変り、信条に堕する。観念としての本来の地位を保持し続けるのは、ほとんど不毛なる観念のみ。

*

他人に較べれば、虚栄心などというものにはまるで無縁の人間だと思っていた。ところが、最近みた夢で私は自分の非を悟らねばならなかった。——いま私が息を引きとったところ。私《わたし》用の白木の棺が運び込まれる。「棺桶にゃ違いないけど、うわっつらに少しはニスぐらい塗ってみてはどうかね！」私はこう叫ぶと、葬儀屋どもをぶちのめそうと飛びかかってゆく。とっくみあいが始まる。そして目が覚める。恥ずかしさ。

*

いかなる発見にもゆき着かず、いかなる観念をももたらすものではないこの熱狂、にもかかわらずほとんど神的な力の感情——定義しようとすればたちまち消えうせてしまう感情——を私たちに与えるこの熱狂、いったいこれは何に対応しているものなのか。どんな価値があるのか。おそらくは無意味なものであり、そしておそらく、どんな形而上的経験も遠く及ばぬものなのだ。

*

外に出、歩き、眺め、事物と混り合う、これが幸福というものだ。坐っていると、人間はおのれの最悪なるものに苛まれる。そもそも人間は椅子に釘づけになるために創られたのではない。だがおそらく、それ以上のものでもあるまい。

*

睡れぬまま、こう考えては自分を慰める——私が意識しているこれらの時間、これは私が無から奪い取ったものだ。もし私が睡ってしまったら、これらの時間は決して私のものにはならぬだろうし、存在することさえなかったであろうにと。

*

〈神に没入する〉——信者にとってのこの決り文句は、信仰なき者にとっては啓示の価値をもつものである。自分もまた何ものかのなかに、いやむしろ誰か人間のなかに踏み迷うことができなかったことに絶望した信仰なき者は、ここに願ってはいたものの実行することのできなかった冒険を見届けるのである。

*

浅薄なものとは誰か、深遠なものとは誰か。軽薄を果てまで歩き通せば、軽薄ではなくなる。ファルスのなかであろうと、限界にまでゆき着くのは窮極の地点に近づくことであり、これはそこいらの形而上学者の、専門の分野においても決してなしあたわざることである。

*

分裂寸前の残忍性、分裂と同時に、肉も骨もさらっていってしまうような残忍性。この種の残忍性とも見紛うばかりの激しい衰弱の発作があるが、これには象でさえひとたまりもあるまい。肉体の器官はすべて例外なく、このような発作に見舞われる。すなわち内臓の災厄、胃がごちゃごちゃになった感覚、世界を消化できぬ感覚。

*

人間、この殲滅者は、すべて生あるものを、動いているものをつけ狙う。やがて最後のノミが話題になることだろう。

*

トロイ戦争では、敵味方双方に同じ数の神々がいた。これは正しくもあれば粋な考え方でもあるが、現代人は熱中しすぎるというのか、俗悪すぎるというのか、なかなかこういう見方をすることはできない。何がどうあろうと、理性が味方になってくれぬことには都合が悪いのだ。私たち人間の文明の発端に当って、ホメーロスは客観性という贅沢品を奮発した。これとは対蹠的に、現代のような遅れた時代においては、もはや態度を容れる余地しかないのである。

＊

ひとりっきりで、何をしていなくとも、時間を無駄にしているわけではない。誰かと一緒にいるとき、私たちはほとんどいつも時間を浪費している。自己との対話は、たとえそれがどのようなものであれ、まったく不毛なものというわけではない。いつの日にかおのれを再発見するという希望にすぎないにしても、必ず何かが生まれるはずである。

＊

よしんばそれが神のものであれ、他人の成功を妬むかぎり、人は世の誰とも変わらぬさもしい奴隷である。

＊

人間はそれぞれ破壊された讃歌である。

＊

トルストイの言葉を信ずるならば、欲すべきものは死だけだ。なぜなら、あやまたず実現されるこの欲望は、他の一切の欲望とは違って欺瞞ではないからである。

だが死を除いてどんなものをも目ざすというのが欲望の本質ではないか。欲望するとは、すなわち死にたくはないということだ。だからもし人が死を願うようになるとすれば、欲望がその本来の機能から逸脱してしまったということにほかならない。それは屈折した欲望、他の欲望とは対立する欲望であり、欲望というものがすべて人を欺くものであるのに、この欲望だけはつねにその約束を守るのである。これに賭けることは、確実な勝負をすること、いずれにしろ勝つことだ。つまりそれは人を欺かず、欺くことができない。だが私たちが欲望に期待を寄せるのは、それがまさしく私たちを欺くからである。欲望が実現しようがしまいが、そんなことはどうでもいいことであり、肝心なのは、それが私たちから真実を覆い隠すということだ。もし欲望が私たちに真実をあばきだすようなことになれば、それはおのが義務を怠っているのであり、自己の存在を危険にさらし、自己を裏切り、従ってまた、さまざまな欲望のリストから抹殺されなければならないのだ。

＊

仏教が、カタリ派の教義が、あるいはまたどんな体系やらドグマやらが、いかに私の心を魅了するにしろ、私には依然として懐疑主義の素地が残っている。これらの教義のひとつひとつに夢中になったあげく、私が戻ってゆくのは常にかわらずこの素地であり、これは何をもってしても揺がすことのできないものだ。この懐疑主義が生まれついてのものにしろ、後天的なものにしろ、他の一切の救済の形式がおぼろにかすむか、私を拒否するとき、ひとつの確信に、あえていえば解放に見えることに変りはないのである。

＊

他の人たちは自分がペテン師であるとは思っていない。だが実際ペテン師だ。私はといえば……私も彼ら同様ペテン師であることに変わりはないが、私はそれを自覚し、それに苦しんでいる。

＊

私は自分の才能を傷め続けているが、自分に対してこんな振舞いに及ぶのは子供じみたことではないか。だが、私が何も達成しなかったという明白なる事実は、私の自尊心をくすぐってしかるべきなのに、私を挫き、打ちのめすのだ。洞察力に中毒して、こんな状態に立ちいたるとは！　私は自分を損う自尊心の残骸をいまだに引きずっている。

＊

読者をもたぬ作家だけが、誠実であるという贅沢をみずからに許すことができる。彼は誰にも語りかけぬ、せいぜい自分にだけだ。

＊

充実した生とは、最良の場合でも、さまざまな差障りの均衡にすぎない。

＊

一切の問題は間違った問題にすぎないと知ったとき、危険なほど救済の近くにいるのである。

＊

懐疑主義とは脱幻惑の訓練である。

要するに、一切は欲望に、あるいは欲望の不在に帰着する。その余のことはニュアンスにすぎぬ。

*

私は生について考察の限りを尽したが、そのためか、やっと生を正当に評価したいと思ったとき、出会う言葉といえばどれもこれも空々しく聞えるものばかりだ。

*

Ⅲ

成りゆき委せに生きるよりは自分の理想を達成した方がいいと考えるかと思うと、ときにはまた反対のことを考える。いずれの場合もまったく正しいのである。

*

私たちのもっている美徳は互いに補強し合うどころか、互いに妬み合い、排斥し合っている。美徳どうしの戦いがはっきり見てとれるようになると、私たちはそのひとつひとつを告発しはじめ、もはやそのいずれにも大散財する必要のないことを知っていたく満足するのである。

＊

私たちに求められているのは自由ではなくして自由の見せかけである。人間がつねに奮闘し続けているのは、この種の模造品を手に入れるためだ。それに、人もいうように、自由とはひとつの感覚にすぎぬ以上、自由であることと自由であると信じていることにどんな相違があるだろうか。

＊

行為としての一切の行為が可能なのは、私たちが楽園との縁を断ち切ったからにほかならない。楽園の想い出は私たちの時間に毒を吹き込み、私たちひとりひとりを自信喪失の天使に仕立ててあげる。

＊

抑圧された祈りは嘲笑となって炸裂する。

＊

自分がひとかどの人物に思えるのは、何か大それた犯罪をもくろんでいるときだけだ。

＊

懐疑をひとつの目的に仕立てあげるなら、懐疑は信仰に劣らず人を慰める力になりうる。懐疑もまた情熱になりうるし、懐疑一流のやり方で、一切の当惑状態を克服し、あらゆる事態に即応することができる。それなら、懐疑の芳ばしからぬ評判はどこに原因があるのか。それはほかでもない、懐疑が信仰よりもずっと稀有なものであり、ずっと近づき難く、ずっと不可解なものであるからである。懐疑家の家で何が行われているか、なかなか想像してみることはできないのだ……

＊

市場《いちば》で、やっと五歳ばかりの男の子が身をよじり、踠き、喚いている。お人好しの女たちが駆け寄って来て宥めようとするが、聞かばこそ、いっそう熱り立つばかりで手に負えない。見れば見るほど、首っ玉を捩りあげてやりたい気持になる。とうとう連れて帰らねばならぬと合点した母親が、猛り狂う子供に向かって哀願する、「さあいらっしゃい、可愛いかわいい坊や！」(15)――とたんに私はカルヴァンのことを、フロイトのことを想い出し、何とも胸のすく思いを味わったものだ！　なにしろ前者にかかれば子供は〈小汚物〉、後者の診立ては〈多型態的異常者〉なのだ。両者ともすすんでこういったことだろう、「小怪物どもはどうぞ私どもへ！」

*

救済断念の決意には、何ら悪魔的要素は入っていない。なぜなら、もしそういう要素が入っているなら、この決意に伴う冷静な態度はどこから生まれてくるのか。悪魔的なものは人を冷静にはしない。反対に悪魔の近くにいると、人は陰鬱になる。これが私の場合だ……従って、私の冷静な態度はほんのわずかしか続かない。救済と縁を切ろうと決意する、ちょうどその間だけだ。幸なことに、私はこういう決意をしばしば繰り返す。そしてその都度、何という安らぎを感じることか！

*

朝早く起き、活力と気力に満ちあふれ、何やらあざとい卑劣な行為をものの見事にやってのけられるような気持になる。

*

「俺はとことん自由だ」――その日、こういってのけた浮浪人は、この言葉ゆえに、哲学者を、征服者を、聖者をはるかに凌ぐ存在であった。それというのも、彼らのうちの誰ひとりとして、その生涯の絶頂期に、このような成果を引き合いに出すことはできなかったからである。

＊

落伍者とは、公正に振舞おうとはしなかったという相違があるだけで、私たちと似たり寄ったりの人間である。公正に振舞わなかった点で私たちは彼を非難し、彼を避け、彼が私たちの秘密を暴露し、さらけだしたことに怨みを抱き、そして正当にも、彼を哀れな人間とも、裏切り者ともみなすのである。

＊

「この瞬間はどこへ行くのか」——この問いに私は睡りから放りだされた。「死へ」——そう答えると、私はたちまち睡りに落ちた。

＊

信頼すべきものは生理学と神学の説明のみ。両者の中間にあるものはほとんど取るに足りぬ。

＊

破局の予言に際して味わう快楽は、破局が近づくにつれて減少する。そして破局が突発するや、快楽はたちまちにして跡かたもなく消えうせる。

*

知恵は私たちの傷を覆い隠す。つまりそれは、ひそかに血を流す術を私たちに教えてくれるのだ。

*

予言者にとっての危機の瞬間は、彼が自分の御宣託をついに信じ込み、おのがかずかずの戯言に魅せられてしまうあの瞬間である。こうなったが最後、彼は奴隷か自動人形のようなものであり、かつては自由気儘に、あまり信じてもいない災厄のかずかずを予言したり、さまざまな恐怖をデッチあげていたりしたあの時代を、ひたすらいとおしむことだろう。

*

誠心誠意イザヤやエレミアの真似をするのは容易なことではない。だからこそ、大多数の予言者はペテン師であることを好むのだ。

*

私たちに出来するすべてのもの、私たちにとって重要と思われるすべてのものは、他人には何の興味も呼ばぬものだ。私たちはこの明白な事実を踏まえて、おのれの行動規則を樹てるべきであろう。思慮に富む人間は、自分の使いなれた語彙から事件という言葉を追放しなければなるまい。

夭折しなかった者は誰であれ死に値する。

＊

後めたい気持を免れたいと思うなら、今の今まで自分から認めようとも思わなければ、知ることさえなかったおのが欠点のひとつを、はっきりみつめて睡るにこしたことはない。

＊

眼差しと声とを除けば、人間のうちにあるすべてのものは例外なくぼやけ、損われる。眼差しと声がなければ、数年後には誰も見分けられなくなるだろう。

＊

今この瞬間、ほとんどいたるところで、おびただしい数の人間がこと切れようとしている。そのあいだにもこの私ときたら、ペンにしがみつき、彼らの苦悶を解説すべく無益にも言葉を探しているのだ。

＊

いう汚らわしい行為とは思いながら、その行為にこだわり、行為につっ走れぬ口実をあれやこれやと考えだし、それに足を取られ、おのが同胞のことはまだまだ見捨ててはいない、彼らゆえに好んで自分を苦しめているのだ、とそんな態度を示して見せる。

……暗殺者や賢者たちのひそみに倣って、悔恨に伴う一切の不純物をきれいさっぱり意識から洗い落すその日にならなければ、私は自分を自由人だと思うことはできまい。

＊

私であることなぞ願い下げにしてもらいたい。それでも私は、私を私にしてくれるように絶えず神々に祈っているのだ。

＊

後悔するとは、過去のなかで熟考することであり、償い難きものを起り得るものに変え、悲痛な悲しみで偽ることである。

＊

精神錯乱は、異論の余地なく懐疑よりは美しい。だが懐疑の方がはるかに強固である。

＊

懐疑主義とは移り気な精神の信仰である。

＊

中傷のなかに言葉を、ただ言葉だけを見てとること、これこそ苦しむことなく中傷に耐える唯一の方法である。私たちに向けられるどんな非難の言葉をも、ばらばらに分解してしまおう。ひとつひとつの語を孤立させ、一個の形容詞、一個の名詞、一個の副詞にふさわしい蔑視をもって、その語を扱うことにしよう。

……さもなければ、中傷する人間を即刻、片づけよう。

＊

解脱しているとうぬぼれていれば、攻撃をかわすことはともかく、攻撃を〈耐える〉助けにはいつでもなる。あらゆる屈辱には例外なく第一期と第二期とがある。知恵に対する私たちの媚態が役に立つものであることが分かるのは、第二期である。

*

私たち人間が〈宇宙〉に占めている場所、わずかに一点、いやそれすら分かったものではない！ 人間がかくも取るに足りぬものであることが明白なのに、どうして殴り合うのか。こういう事実を確認すると、人間はたちまち冷静になる。もう未来には心配事もなければ、形而上学その他の逆上もないというわけだ。するとまたぞろ、この一点がふくれあがり、膨張し、空間にとって代る。そしてすべてが再び始まるのである。

*

認識するとは、「迷妄《イリュジオン》」の及ぶ範囲を見分けることである。この言葉は、「武勲詩[16]」にとってのみならず、ヴェーターンタ哲学にとっても不可欠のキーワードであり、非現実の経験を表現する方法は、ひとえにこの言葉にかかっている。

*

大英博物館で、小さな爪が何本か細い包帯から飛び出ている女流歌手のミイラを見たとき、もう決してわたしとはいうまいと誓ったことを想いだす。

＊

わけもなく涙を流す——人が一切を理解したことを証《あか》する徴は、ほとんどこれ以外にはない。

＊

神に祈りたいという欲求には、脳髄のさし迫った崩壊の不安がおおいにかかわっている。

＊

幸福といい不幸といっても、ほとんど同じような病いである以上、両者を回避するただひとつの方法は一切の外に自分を置くことだ。

＊

安心立命、瞑想、遁世——来る日も来る日も、こういうことのみが語られているテキストに埋もれて暮していると、街に出て、出合いがしらの人間の顔を殴りつけてやりたい羨望に捉われる。

＊

この世界が成功作でない証拠は、次の事実を見れば分かる。すなわち、私たちはこの世界を創造したと考えられている「人物」に自分を比較してみても、別に慎みを欠くことにはならないが、相手がナポレオン、いや浮浪人であっても、そうはいかない。特に後者が、浮浪人仲間でも一人といないような者であればなおさらである。

＊

「神《プロヴィダンス》　その上はなすあたわず」――ある異教徒の神にかんするこの言葉を、キリスト教の神《デュー》に対して使うほどにも正直なカトリック教会の教父はひとりとしていなかった。

＊

言葉と沈黙。口をきくことのできぬ狂人よりは、しゃべる狂人のそばにいた方がずっと安全だと思うものだ。

＊

どんなものでもかまわないが、キリスト教の一異端がもし勝利を収めていたならば、些細な相異などに血道をあげるような真似はしなかったであろう。カトリック教会よりははるかに大胆、またはるかに不寛容であっただろうが、それも教会以上に断固たる確信をもっていたからである。懐疑などは許されない。もしカタリ派が勝利を収めていたなら、異端糾問官など足元にも及ばなかったであろう。

犠牲というものがどんなに崇高なものであれ、あらゆる犠牲には覚めた同情を寄せようではないか。

*

ひとりの哲学者が遺すものは彼の気質だ。だからこそ彼は哲学者である自分を忘れ、自分のかかえ込んでいるさまざまな矛盾に、気紛れに、おのが体系の基本線とは相容れぬ反応に従うことになるのである。真理を目指すにしても、一貫性に対する一切の配慮から自由でなければならない。彼が表現すべきものは、おのれが考えたものだけであって、考えようと決意したものであってはならない。生きれば生きるほど、彼はますますおのれ自身に立ち帰ることになるだろう。そして彼が生き残るとすれば、自分が信ずべきものと思っていたことを歯牙にもかけなくなったときだけである。

*

空《くう》について、非永続性について、ニルヴァーナについて思いめぐらさなければならぬとき、横になるか、踞るかが姿勢としては最上のものだ。こういう姿勢でこそ、これらのテーマは抱懐されたのだ。立ったまま考えるのはほとんど西洋だけだ。おそらくここに、西洋の哲学のもつ不愉快なまでの実証的な性質が起因している。

＊

私たちを愚弄したひどい奴に、いつか仕返しをし、怨みを晴らす、そのときの光景を想い描かぬ限り、侮辱に耐えることはできない。こういう見通しがなければ、私たちはさまざまの不安・動揺に苛まれ、再び「狂気」がそのまったき姿を現わすことになるだろう。

＊

あらゆる断末魔の苦悶は、それ自体好奇心をそそるものである。だが、なかでも最も興味深いのはキニック派のそれ、つまり理論上これを蔑視していた者の苦悶である。

＊

私が触れているこの骨の名は何か。こいつとわたしとのあいだに共通のものはあるのか。身体の他の部分に手術を再開し、もう何ものも私たちのものではなくなる瞬間まで手術を続けねばなるまい。

挑発と謙譲の嗜好をふたつながらもち、本能において邪魔者、確信において屍体であること！

＊

かくもおびただしい生が繰り広げられた後で、すべてのものは死ぬ。——めぐりめぐって自分の死ぬことが、この馬鹿げた不安を彼らのように拭い去ることが、いかに気の重いことか！　不安はいまだに生き続けており、力も失わなければ信用も失わず、いまだに人々は最初の人間と同じようにこれを感じ取っている。この事実を何と説明したものか。

＊

隠者は自分に対してしか、すべての人間に対してしか責任をとらない。特定の誰かに対しては決して責任をとらない。人が孤独のなかに逃げ込むのは、誰の面倒をもみないためだ。自分と世界、それで手一杯。

＊

もし私がおのれの救済への無関心を確信していたら、とうの昔から世にもしあわせな人間であったろうに。

＊

おのれを取戻すためには、世間から〈忘れられて〉いるに越したことはない。そうなれば、私たちと重要なものとのあいだに介入してくる者はひとりもいない。他人たちが私たちから遠ざかれば遠ざかるほど、彼らは私たちの完成に手を貸しているのだ。私たちを見捨てることで私たちを救っているのだ。

＊

「摂理」をめぐる私の懐疑は決して長くは続かない。「摂理」を除けば、私たちの日々の敗北の分け前をかくも几帳面に分配してくれる者がいるだろうか。

＊

「何事にも執着してはならぬ」——こういう言葉を繰り返す者は、自分が苦しむたびに自分を咎めだてる人間、苦しむにこと欠かぬ人間である。

＊

それぞれの個人の内部で、狂信者とペテン師の戦いが行われている。私たちが誰に訴えるべきか決して分からぬことが、この戦いの原因である。

＊

「何に精を出しているのですか。何がお好きですか。」

＊

ピュロンや老子に誰がこんな風に話しかけられるだろうか。われらが偶像に向けられぬような問いを、自分自身に向けるとは合点のゆかぬことである。

＊

生まれつき、どんな些細な企てにも一向に素直になれぬ私は、ひとつの企てを遂行しようと決意するには、アレクサンドル大王かジンギス・カンの伝記ぐらいはあらかじめ一通り目を通しておかなければならない。

私たちのことを信じていた者たちが、そしてまた私たちがもはや欺くことのできぬ者たちが、ひとり残らずひとりひとり姿を消してゆくのを見る楽しみこそ、老いを耐えやすくしてくれるはずである。

＊

失墜について注釈を加えたい、原罪の寄生虫として生きたい。

＊

厚顔無恥になれたなら！

＊

一般には逆のことが主張されているが、さまざまな苦悩は私たちを生に執着させ、生に釘づけにする。それは私たちの苦悩であり、それらを耐えることができるのが私たちの満足であり、私たちが人間であって幽霊でないことを証しするのもこれらの苦悩である。苦しんでいるという思いあがりはかくも危険なものであって、この思いあがりを越えることができるのは、苦しんだ経験があるという思いあがりだけである。

過去の救出に血道をあげる悔恨は、忘却の策略に抗しうる私たち人間の唯一の手段ともいえるものである。けだし攻撃に転じた記憶でないとすれば、悔恨とはそもそも何であろうか。かずかずのエピソードを甦らせては、好みのままに変形し、私たちの生について、お好みのどんな解釈をも提供する。その結果、私たちにとって生が哀れなものにも満足のゆくものにも見えるのは、ひとえに悔恨のお陰であると断言しても間違いではないことになる。

＊

睡眠中に理論的問題の解決法が突然うかんだりすると、睡りの流れは例外なく中断される。夢とは事件である。夢のひとつが問題に変ったり、ひとつの着想となって終ったりすると、とたんに私たちははっとして目を覚ます。睡りながら〈考える〉などというのは異常なことであって、文字通りよく睡ることができずに息苦しさを感じている人々に、よくみられる現象である。というのも、彼らの惨苦は、夜を経るに従って決定的にきわまるからである。

＊

人間は苦悩をもってわが身を虐待し、〈良心〉をみずから創りだす。そして苦悩をもはや厄介払いできぬことを知って、恐怖におののくのである。

＊

卑劣な行為の結果としてもたらされる不安は、自己反省には願ってもない状態であるばかりか、この反省行為と混同されることさえある。この不安に捉えられるとき、私たちがその都度、ついにおのれを知ったという印象をもったとしても、別に驚くほどのことでもないではないか。

＊

生存しなければならぬという義務を問題にする精神だけが過激なのだ。その余のものは、アナーキストを筆頭に、いずれも例外なく既成の秩序と妥協している。

＊

わが偏愛、「洞窟」の時代と「啓蒙」の世紀。

だが私は忘れてはいない、洞穴が「歴史」に、サロンが「ギロチン」に行き着いたことを。

＊

いたるところ、金《かね》と引き換えに生まれた肉体だらけだ。だが、補助金を受けて生まれた肉体にどんな価値があるのか。かつては、信念から、あるいは偶然に、人は子を産んだものだ。今日では、補助金を受けるために産んでいる。計算もこうも行き過ぎると、精子の性質も損われずにはいない。

＊

どんなものに対してであれ意味を探すのは、マゾヒストのすることであって、素直な人間のすることではない。

＊

私たち人間が完全に、根こそぎ破滅することを自覚する、これこそまさに救いである。だが、人間が破滅しうるものであることを絶えず自覚するのは、人間の最深部にひそむ傾向とは相容れぬことだ。してみると、救済とは反自然の手柄ということか。

＊

軽薄にして支離滅裂、何事においても素人のこの私が、底の底まで知り抜いたのは生まれたことの不都合さ、ただこれだけだ。

＊

眼下に繰り広げられるかずかずの災禍の行列に目は眩み、どぎもを抜かれた原始穴居人。彼らのひそみに倣って、あたかも〈哲学〉など存在しないかのように、哲学しなければなるまい。

＊

おのが苦痛を楽しむ――この感情、いやこういう表現すらすでにホメーロスに見られる。といってももちろん、例外的なものとしてだが。これが一般的なものになるには、最近の時代を待たなければならない。叙事詩から内秘の日記にまでいたる道程は短くはないのである。

＊

自分よりも追いつめられた人間にいつかは会える――こういう希望がなければ、誰も人間に興味などもつまい。

狭い空間に閉じ込められて、人間がたらふく腹に詰め込んでいる化学製品だけをあてがわれているネズミがいる。これらのネズミは普通よりはずっとたちの悪い、攻撃的なネズミになるのではあるまいか。

*

繁殖するにつれて、スシ詰め状態で生きてゆかねばならなくなった人間は、以前にも増して激しく憎み合い、かつてその例を見ないほど傷つけ合い、そればかりか憎悪の思いもよらぬ形式まで考えだし、ついには全世界規模の内乱が発生する始末である。その内乱も、あれこれの要求が原因なのではなく、人類専用のスペクタクルに、人類がこれ以上立ち合うことができなくなったのが原因なのだ。かりに人類が一瞬のうちに、一切の未来を垣間見たとしても、もはや今後、この一瞬を越えることはあるまい。

*

祈りが——神に、そして「信仰」そのものに遅れをとった祈りが——差し迫ったものであると考える。こういうところにしか、本当の孤独はない。

*

私たちを喜ばせるもの、あるいは私たちを苦しめるもの、こういうものはすべて何ものともかかわりはない、すべてはまったく取るに足りぬ無益なものだ……私たちは繰り返し繰り返しこう自分にいって聞かさねばなるまい。

……ところで、私は毎日これを自分に繰り返しいって聞かせている。にもかかわらず、私は喜び、そして苦しむことをやめないのである。

*

私たちはみな地獄の底にいる、一瞬一瞬が奇蹟である地獄の底に。

訳注

(1) マルキオン　二世紀ごろの反ユダヤ的グノーシス派の人。
(2) ボゴミル派　十世紀にブルガリアに起った二元論を奉ずるキリスト教の異端。〈ボゴミル〉とは〈神の友〉の意。
(3) 聖グレゴリウス　四世紀のキリスト教教父。「カパドキア三教父」のひとり。
(4) ケルスス　二世紀のプラトン派哲学者。キリスト教攻撃で知られる。
(5) ミヌキウス・フェリクス　二世紀から三世紀にかけて生きたキリスト教徒の著作家。『オクタヴィウス』は、キケロ風の対話体からなる著作で、ローマ人にキリスト教を紹介したものとして有名。
(6) リュティリウス・ナマチアヌス　ガリア生まれの五世紀の詩人。ローマから故国ガリアへの帰還を歌う詩「道程」(De reditu suo) が知られている。
(7)「空の十八の変種」「……仏教中、空はきわめて多義にもちいられるけれども、大約すれば、人空法空がその根本といえる。……(中略)……ふつう小乗は人空を、大乗は二空を説くといわれるが、小乗にも法空の説がないのではない。たとえば『舎利弗阿毘曇論』は六空を、『大毘婆沙論』は十空を説明している。……(中略)……このほか、大乗諸経論の詳細な論究、また析空と体空、但空と不但空をはじめ、四空、七空、十八空、二十空などの分類解説は枚挙にいとまがない。」(平凡社『哲学事典』より引用)
(8) バルドゥンク・グリーエン　ドイツの画家(一四四八—一五四五)。宗教画、肖像画のほか、神話・寓話に題材をとった作品が多いが、特に後期ゴシックの〈女性と死〉のテーマをめぐる作品、「美女と死」、「女性の三世代と死」が有名。
(9) スペイン領バレアレス諸島の西端の島イビサ。この島の村タラマンカで、シオランは、一九六五年と翌六六年、夏のヴァカンスを過ごしている。シオラン死後の二〇〇〇年、二度目の滞在の折の日録ふうの記録が、「カイエ・ド・タラマンカ」の表題で出版されたが、この記録と「カイエ」の記述とをつきあわせてみると、この島での経験が、六六年の秋から翌六七年の秋にかけて試みられた「タラマンカの夜」という〈自殺論〉の動機をなしていることが分かる。本書の「自殺と遭遇」は、この「タラマンカの夜」の結実といえる。

(10) ベルナール・ギィ　フランスの神学者、歴史家（一二六一頃―一三三一）。ドミニコ会士で、一三〇七年から一三二四年までトゥールーズ地方の異端審問官として活躍する。『異端審問官提要』（一三二三年）は、審問官としての自分の実際の経験と、彼以前の審問官たちの経験記録とを集大成したもの。

(11) 「エンデュラ」（l'endura）　カタリ派のイニシエーションとして行われた断食。また彼らのあいだでの最も一般的な自殺方法でもあった。

(12) 「心なごめる者《コンソレ》」　カタリ派の入信者を指す。「慰めるを意味するconsolerというフランス語の動詞は、cum（ともに）とsolus（本来は全体の意）との合成からできたラテン語のconsolariから出ている。慰める《コンソレ》というのは語源的に〈全体となる、身も心も献げる〉の意味である。」（ド・ルージュモン『愛について』）

(13) 『フィロカリア』　ギリシアの禁欲的著述家たちからの抜粋集。コリント出身のマカリウスとアトス山の修道士ニコデムスによって編集され、一七八二年、ヴェネツィアで出版された。〈心の祈り〉（「主イエス・キリストよ、われらを憐れみたまえ」）が中心にすえられている。

(14) 「苦悶の観念」（angoissement）　著者シオランの造語。適当な訳語が思い当らず、やむなく訳文のようにした。

(15) 「可愛い坊や」　ここは直訳して「私の宝」とした方が面白いかも知れない。

(16) 「武勲詩」　Chanson と大文字になっている。中世の〈武勲詩〉を指すものと思われるが、確証はない。

訳者あとがき

本書は E. M. Cioran : *Le mauvais Démiurge*, Coll. 《Idées》, Gallimard, 1969. の全訳である。フランス語による第一作『崩壊概論』（一九四九年）からかぞえて六作目にあたるものだが、七三年に発表された『生誕の災厄』がすでに出口裕弘氏によって翻訳されているので、これでシオランがフランス語で刊行したものは、七九年の『四つ裂きの刑《エカルテールマン》』を除いて、すべて翻訳されたことになる。（なお、NRF誌八一年七・八月合併号、八二年九月号に、それぞれ「告白と破門」、「絶望の時」と題されたアフォリズム集が、また同誌八三年九月号に『崩壊概論』についての短い回想文が発表されていることをつけ加えておく）。およそ時流に投ずることのない、自称「穴居人」の、この反時代的思想家にも、少数ながら熱心な読者が極東の島国にも存在するということなのだろうが、だとすれば、この孤独な思想家のためにも、これは素直に喜んでしかるべきことかも知れない。

著者シオランの経歴その他については、『歴史とユートピア』の翻訳によって、このなんともくせの多い「バルカンのパスカル」をはじめて日本に紹介された、出口裕弘氏のシオランをめぐるいくつかの優れた論考（評論集『行為と夢』所収）、及び邦訳版シオラン選集全五巻（国文社刊）の、有田忠郎氏のそれをはじめとする解説に詳しいのでここでは触れない。ただひとつだけ、蛇足を承知の上でここに改めて確認しておきたいのは、ルーマニア人シオランのほとんど半世紀に及ぶパリでの生活が、ひとりの「無国籍者」のそれであったということ、そして今もそれに変りがないという事実である。

どのような形であれ、およそパリで生活したことのある者ならだれしも身に覚えのあるはずだが、異邦人にとってはことのほか酷薄無情な国際都市パリ、シオラン自身、彼の「かずかずの不幸の源泉であった」と書かねばならなかった街、頽廃期のローマさながらに、「大陸の吐きだした反吐」に占拠され、その「汚物処理場」と化した街、ほかでもないこの街で一介の「無国籍者」として生きることは、国家及び法の埒外に生きることと同義であり、生存の条件のほとんど不可欠の構成要素とも思われる与件のすべてを剝奪され、一切のものからの「落伍者」、いわば存在の極限値、裸形の存在として生きることであったはずだ。そうだとすれば、このような人間にとって、私たちの存在がよってもって立つ一切の秩序、一切の制度、文明と進歩のあらゆるイデオロギー、あらゆる理念、いいかえれば「人間が原初の無垢の上に積み重ねた」一切のものが、笑止千万な茶番に、唾棄すべき虚妄に見えたとしてもどこに不思議があるだろうか。シオランがたたきつけんばかりに吐きだす、苛烈きわまりない現世呪詛の、世界終末の、人間憎悪の叫びは、いってみれば、この存在の極限値と化した一「落伍者」に発する、ぎりぎりかけ値なしの痛憤であり、激怒であり、嗟嘆である。私たちとしては、ときにシオランが古代キニック派や懐疑派の、あるいは異端グノーシス派やカタリ派の、さらには仏陀の思想におのれを託して語ることがあるにしても、その変幻自在ぶりにたじろいではなるまい。肝心なことは、これらの多彩な語り口に、人間存在の極限を垣間見、それをあたうかぎり誠実に生きたひとりの生身の人間の発する声を聞くことだ。そう思って読めば、ほとんど目くるめくような底なしの絶望を、仮借ない憎悪を繰り返し語ってやまないシオランの一語一句に、紛れもない人間の息づかいが、あえていえば血のぬくもりさえ感じ取れると思うのは、あるいは訳者の思いすごしであろうか。

だがそれにしても、人は一切のものを虚妄と断じ茶番と観じつつなぜ生き続け、書き続けるのか。この素朴な、しかし決して本質的たることを失わぬ問いを寄せてきた二人のアンダルシアの学生に、シオランは次のように答えたとして、前記の回想文にこんな風に書いている。シオランの〈処生術〉がけれんみなく語られている興味深い一文なので、以下やや長くなるが、その一部を訳出しておくことにする。

「……強固な土台をどこにも見つけだせなかったにもかかわらず、私が生きながらえることができたのは事実である。それというのも、人は年とともに一切のものに、眩暈にさえ慣れてしまうからである。それに、絶対的明晰性というものは呼吸とは両立しないものだから、絶えず目をみひらき、自分を問い続けるわけにはいかないのだ。もし自分の知っていることを絶えず意識し、例えば根拠の欠如感がつきまとって離れず、また同時に強烈なものならば、人は自殺して果てるか、白痴になってしまうだろう。私たちはある種の真実を忘れてしまう瞬間があるものだが、こういう瞬間があればこそ私たちは存在しているのであり、この忘却の瞬間に私たちはエネルギーを蓄積し、このエネルギーでもって件の真実に立ち向うことができるのである。自分には二束三文の価値もないと思うとき、私は次のように考えて再び自信を取り戻す。すなわち、結局のところ俺は存在に、というか存在の外観のなかに踏みとどまることができたが、それでいてほとんどだれも容認することのできない、事物に対するある種の知覚を失うことはなかったのだと。……

　また二人の学生は、なぜ私が書き続け、本を出すのをやめないのかと尋ねた。人はたれでも夭折の幸運に恵まれているわけではない――これが私の答えだった。私は『絶望のきわみで』という大袈裟な表題の最初の本を、二度と再び書くような真似はしまいと誓いながら、二十一歳のときルーマニア語で書いた。次いでまた同じ誓いを立てながら、また同じ愚を犯した。喜劇は四十年以上にわたって繰り返された。何故か。書くことは、それがどんなに取るに足りぬものであれ、一年また一年と生きながらえる助けになったからであり、さまざまの妄執も表現されてしまえば弱められ、ほとんど克服されてしまうからである。書くことは途方もない救済だ。本を出すこともまた然り。出版された一冊の本、それは私たちにとって外的なものと化した私たちの生であり、あるいは生の一部であり、もうそれは私たちのものでも、私たちを疲労困憊させるものでもない。表現は私たちを弱め貧しくし、私たち自身の重荷を私たちから取り除く。それは実体の喪失であり、解放である。……たれかある人間を厄介払いしたいと思うほど憎んでいるなら、一片の紙を取り上げ、そこに×のバカ野郎、悪党め、怪物め、と何回も書きつけることだ。そうすれば、たちまち憎しみはやわらぎ、もう復讐のことなどほとんど念頭にないことに気づくだろう。私が自分自身に対し、そして人々に対してやってきたことはほぼこういうことだ。私は『崩壊概論』を私の最底部から引きだしたが、それは生を、私自身を罵倒するためだった。その結果は？　生をよりよく耐えたように、自分の存在によりよく耐えることができた。人はそれなりにわが身を労るものである。……」

＊

シオランは、ヴァレリー以後、フランス語散文の無二の書き手と目されている人だ。訳出にあたって微力を致したつもりだが、もとより浅学非才、日暮れて道遠しの感を拭いえない。今はただ読者諸賢の御叱正を待つばかりである。

訳出の過程で、今回もまた友人諸氏を煩わせた。いちいちお名前を挙げることは控えさせていただくが、ここに改めて謝意を表しておきたい。

最後に、本書の翻訳出版に並々ならぬ熱意と努力を傾注して来られた法政大学出版局の稲義人氏、種々御鞭撻をたまわった編集担当の松永辰郎氏に篤く御礼申し上げる。

一九八四年三月　　訳　者

《叢書・ウニベルシタス　139》
悪しき造物主

1984年5月1日　初版第1刷発行
2021年6月16日　新装版第2刷発行

E. M. シオラン
金井 裕 訳
発行所　一般財団法人　法政大学出版局
〒102-0071 東京都千代田区富士見2 17 1
電話03(5214)5540 振替00160-6-95814
印刷：三和印刷　製本：誠製本

Printed in Japan

ISBN978-4-588-14046-4

著　者

シオラン（E. M. Cioran）
1911年、ルーマニアに生まれる。1931年、ブカレスト大学文学部卒業。哲学教授資格を取得後、1937年、パリに留学。以降パリに定住してフランス語で著作を発表。孤独な無国籍者（自称「穴居人」）として、イデオロギーや教義で正当化された文明の虚妄と幻想を徹底的に告発し、人間存在の深奥から、ラディカルな懐疑思想を断章のかたちで展開する。『歴史とユートピア』でコンバ賞受賞。1995年6月20日死去。
著書：『涙と聖者』（1937）、『崩壊概論』（1949）、『苦渋の三段論法』（1952）、『時間への失墜』（1964）、『生誕の災厄』（1973）、『告白と呪詛』（1987）ほか。

訳　者

金井　裕（かない・ゆう）
1934年、東京に生まれる。京都大学仏文科卒。訳書：シオラン『絶望のきわみで』、『思想の黄昏』、『オマージュの試み』、『欺瞞の書』、『敗者の祈禱書』、『シオラン対談集』、『カイエ 1957–1972』（日本翻訳文化賞受賞、日仏翻訳文化賞受賞）、『ルーマニアの変容』、カイヨワ『アルペイオスの流れ』ほか。

シオラン／金井 裕訳

（表示価格は税別）

カイエ 1957–1972

既存の思想・神学体系と決別し、生の基本感情の率直な表出によって歴史と文明に対峙してきた孤高の思想家の厖大な未発表ノート。 第44回日本翻訳文化賞受賞

27000円

敗者の祈禱書

占領下のパリを彷徨し、己の出自への激しい否定の感情と共に歴史の黄昏を生の根本感情として内面化し、「形而上の流謫者」、「世界市民」としての新たな出発を記す。

2800円

欺瞞の書

躍動するバロックの文体でみずからのエクスタシー＝神秘体験を語り、絶対的融合の宇宙として超越の言語を創出する若きシオランの思想的営為の全容を示す初期作品。

2800円

オマージュの試み

エリアーデ、カイヨワ、ベケット、ボルヘス等々、同時代人たちの肖像。その生身の風貌を友情と愛惜をこめて語りつつ〈窮極的なるものへの情熱〉への共感をつづる。

1500円

ルーマニアの変容

戦前のヒトラー崇拝と反ユダヤ主義的言説により、生前から死後も非難に曝されてきたシオラン。その封印された過去を初めて明るみに出す政治評論。

3800円

P・ボロン／金井 裕訳

異端者シオラン

ファシスト組織〈鉄衛団〉とのかかわりなど、謎につつまれたルーマニア時代の青年期の実像を新資料を発掘して浮彫にした待望の評伝。シオラン思想の中核に迫る。

3800円

S・ジョドー／金井 裕訳

シオラン あるいは最後の人間

既存の思想・神学体系と対決したシオランの主要テーマ——神秘主義、仏教、歴史、音楽、言語——の中核に〈グノーシス〉の思想を探り、その思想の全体像に迫る。

2300円